O Caçador de Espíritas

AGNALDO CARDOSO

O Caçador de Espíritas

Mundo Maior
Editora e
Distribuidora
EDITORA DA FUNDAÇÃO ESPÍRITA ANDRÉ LUIZ

Diretoria Editorial: Onofre Astinfero Baptista
Editor: Jorge Alexandre de Lima
Assistente Editorial: Marta Moro
Revisão: Equipe Mundo Maior
Capa: Leonardo Lopes
Diagramação: Francisca Ferreira

Mundo Maior Editora
Fundação Espírita André Luiz

Rua Padre João Álvares, 217 — Vl. Renata
Guarulhos/SP — Cep. 07056-000
Tel. (11) 4964-4700

www.mundomaior.com.br
e-mail: editorial@editoramundomaior.com.br
site@editoramundomaior.com.br

Dados Internacionais de Catalogação na Publicação (CIP)
(Câmara Brasileira do Livro, SP, Brasil)

Cardoso, Agnaldo
O caçador de espíritas / Agnaldo Cardoso. --
São Paulo : Mundo Maior Editora, 2012.

1. Ficção brasileira I. Título.

12-00486 CDD-869.93

Índices para catálogo sistemático:
1. Ficção : Literatura brasileira 869.93

Como seria bem mais simples e fácil para os homens acreditar e amar a Deus como a natureza O revela e não como as opiniões humanas O representam e deformam.

Do Autor

Sumário

Prefácio

Quando estamos em uma exposição de flores, ficamos admirados com várias espécies diferentes, tantas cores, que não sabemos qual compraríamos para desfrutar de sua beleza em nossa casa.

Assim é o livro quando chegamos a uma livraria; são tantos títulos, belas capas, temas variados que ficamos em dúvida qual comprar.

Sempre temos nossa preferência por determinado autor ou segmento. Quando nos aproximamos de suas obras ficamos extasiados com tamanha beleza, rica de conhecimento e ensinamentos que vêm despertar nossos sentimentos mais íntimos, pelos quais podemos modificar o nosso destino.

Assim são as obras de Agnaldo Cardoso, belas e diversificadas como as flores, cada qual com suas pétalas delicadas, exalando um perfume exclusivo.

Nesta publicação, o leitor viverá uma nova fragrância, toda particular, pois cada um, ao ler, sentirá ser especial para ele. Com personagens que têm seus nomes relacionados em uma lista misteriosa, na qual aos poucos os primeiros na relação acabam por morrer misteriosamente, porque estão na mira de um matador profissional de sangue frio.

Realiza o serviço sem deixar pistas, característica própria de um assassino. No entanto, tem um coração, sentimentos que não o deixam executar crianças nem mulheres, seu alvo são os homens.

Esse é o foco principal da história "O Coração". É justamente aí que Deus revela ao réu que não é possível fazer justiça com as próprias mãos.

O leitor descobrirá um pouco de si em cada personagem, à medida que todos reunidos em único local começam a questionar suas vidas, seus valores, seus erros, medos, falta de fé, ou a sua incredulidade na existência dos espíritos e no fenômeno mediúnico. Tudo isso acontece diante da incerteza. Quem será a próxima vítima?

O autor, de forma irreverente, mostra que mediunidade não é algo sobrenatural. A Doutrina não esconde os mistérios que muitos pensam existir. Ao contrário, desvenda-os, já que em muitas religiões eles estão guardados a sete chaves.

Vários temas importantes são discutidos no decorrer da história, trazendo conhecimento àquele que se inicia no estudo da Doutrina dos Espíritos, aguçando o leitor a buscar na fonte mais esclarecimentos.

O Caçador de Espíritas, com certeza, prenderá o leitor, como sempre, e ficará encantado com a leveza e a clareza com que os temas são abordados.

É indicado para os que gostam de estudar, e ao iniciante desmistifica muitos conceitos equivocados sobre a mediunidade. Um bom livro é aquele que faz com que o leitor mergulhe e sinta-se parte da trama, viajando nas situações peculiares de seus personagens. Boa viagem e ótima leitura!

Forte abraço do amigo

João Alberto

Capítulo I

A caçada

Luiz Carlos Costa atravessava a multidão, como se ela não existisse. Esquivava-se com inigualável maestria ou insinuava-se por um espaço bastante reduzido, apenas alguns segundos antes daquele espaço fechar-se. Mudava a cadência dos seus passos com tanta suavidade que ninguém percebia que ele mudara seu ritmo para se aproximar ou para se afastar do alvo.

E o mais importante: ele era insuperável quando o assunto era confundir-se com as pessoas que o cercavam, a despeito de ter marcantes traços indígenas, principalmente quando se tratava da sua cor meio acobreada e dos seus cabelos negros, mas já entrelaçados por alguns fios brancos. Mesmo com 1,90 m de altura, que fugia dos padrões nordestinos, em fração de segundos ele se transformava e, de forma camaleônica, confundia-se com qualquer um que estivesse perto dele.

— *Vai começar o desfile individual* — ele alertou.

— *Vamos ter que esperar. Aguarde minhas instruções*

— respondeu Márcio Luiz, dois centímetros mais alto que Luiz Carlos e que estava há cem metros de distância do alvo. Ele era o líder daquela operação, e pelo fato de ser um excepcional profissional, o presságio não era nada bom para o alvo. Naquele momento, Márcio via apenas a Luiz Carlos, o seu parceiro.

Ambos usavam um receptor controlado por um minúsculo e quase invisível microprocessador, de fabricação japonesa, colocado no canal auricular. Tinham também escondido sob as golas das suas camisas, um transmissor de voz, do mesmo tamanho e potência, cujas transmissões eram em UHF, para dificultar sua captação por outros.

— *Agora vamos trocar as posições* — determinou Márcio.

Em pouco tempo era ele que estava vendo o alvo, e Luiz Carlos ficara mais na retaguarda. Ao observar a forma como o alvo se portava, ele pensou:

— *Será que ele está mesmo tão despreocupado?*

Não demorou muito para ele ter a resposta. O alvo parou de repente, virou-se para trás e tentou acender um cigarro. Não conseguiu acendê-lo, repôs o cigarro na carteira e recomeçou a sua caminhada, entre os demais foliões do carnaval de Olinda.

Márcio Luiz não procurou esconder ou dissimular um discreto sorriso de satisfação. Passara três meses levantando informações sobre o alvo e, entre outras coisas, sabia que ele não fumava e que um fumante não desistiria tão fácil de tentar acender seu cigarro.

Além do mais, mesmo que ele estivesse tentando começar a fumar, a sua manobra para acender o cigarro foi infeliz, pois não havia motivo para que ele se posicionasse a favor do vento, o que levava a chama do fósforo a oscilar para longe do cigarro.

— *Não. Ele estava preocupado e a frustrada tentativa de acender o cigarro era o pretexto para se virar e tentar descobrir se alguém o seguia. Toda aquela encenação malfeita, própria de um amador, fora apenas uma tentativa de contra vigilância e, de alguma forma, comprovava que ele temia alguma coisa, próprio de quem tem culpa!* — Márcio concluiu.

Na realidade, Márcio Luiz não dava importância ao fator culpa. Ao ser contratado para um trabalho, suas perguntas eram poucas. O alvo é um homem? É adulto? Já houve outras tentativas contra ele? Há mais alguém contratado para o mesmo trabalho? Pagarão o meu preço?

Ele fazia questão de lembrar que não executava trabalhos contra mulheres, adolescentes e crianças; que exigia exclusividade; e, se quem o contratasse tentasse enganá-lo, o preço do contrato duplicava e ele se sentiria livre para cobrar do seu modo. Novamente ligou-se ao seu parceiro Luiz Carlos.

Vamos novamente inverter nossas posições. Vou passar, e agora é você quem fica próximo dele. Determinou, sem virar a cabeça para aproximar a boca da gola da camisa. O transmissor tinha potência suficiente para não precisar recorrer a movimentos que mais parecem chamativos cartazes para qualquer equipe de contravigilância com um mínimo de experiência.

Ocorria na orla marítima de Olinda, o famoso desfile do bloco carnavalesco Virgens do Bairro Novo, desta feita em conjunto com o outro bloco rival, As Virgens de Verdade, em uma união até pouco tempo inconcebível entre as duas facções.

Entre tantos participantes, destacava-se o folião Fernando Antônio, bem mais conhecido por Nandão, fantasiado de Pantera Cor-de-Rosa, que esbanjava vitalidade, animação, os exigidos trejeitos delicados e uma insuperável criatividade. Fernando não sabia, mas ele era o alvo!

Também fantasiados, mas sem a exuberância de Fernando, estavam seus amigos Dimas Luna, fantasiado de Maria Bethânia; Paulo Sérgio, de Chapeuzinho Vermelho; Renato Mandalozzo, de Emília; Antonio Oliveira, de Nega Maluca; e Walfrido Manoel, de Maria Bonita. Eles rodeavam Fernando e era visível a tentativa de todos em copiar os maneirismos extremamente suaves de Fernando, a sapeca Pantera Cor-de-Rosa.

Como o carnaval inebria e entorpece, a ponto de inúmeras vezes alijar o bom senso em muitos foliões, o superintendente da Receita Federal, Fernando Antônio, adversário incansável da pirataria, principalmente na área de músicas e filmes, com cópias ilegais de CDs e DVDs, deveria pensar melhor antes de se expor daquela forma.

Os grupos ocultos e responsáveis por aquelas reiteradas e acentuadas lesões aos autores e ao próprio governo, eram poderosos e em vários setores dos Três Poderes, nos quais havia muitas pessoas na inescrupulosa lista de bonificação! Afinal, era exigido tão pouco deles... Bastava fechar os olhos ou fazer de conta que não viam ou que não sabiam que algo errado estava acontecendo, e seus salários eram automaticamente multiplicados. Amigos aconselharam-no a ter cautela, porque ele estava contrariando interesses de pessoas poderosas e sem escrúpulos. Não foram atendidos...

Afinal, era a abertura do carnaval de Olinda. Para a imensa maioria dos foliões, era chegada a hora de relaxar, de acabar com o estresse! Hora ansiosamente aguardada para *"sair do sério"*. Ciganas, colombinas, pierrôs, dançarinas e outras fantasias inomináveis, que, muitas vezes, refletiam os desejos mais íntimos e nem sempre confessáveis dos foliões, surgiam do nada, guiados pelo som irresistível dos tambores e clarins, para *"cair na folia"*. Quanta loucura!... Mas era carnaval e, no carnaval, tudo ou quase tudo era permitido...

Marginais, no meio da multidão que pula de forma delirante e quase insana, aproveitam-se da confusão para cometer pequenos crimes. Jovens e adultos, transtornados pela música hipnotizante e frenética, caem nas armadilhas das drogas alucinantes. É hora de pular, sambar e frevar, além de trocar propositais empurrões e cotoveladas. Esse é o lado da festa que podemos observar deste lado da vida. Mas há outro lado... Um lado que infelizmente a grande maioria não conhece nem nunca ouviu falar... O lado espiritual! O carnaval oculto, que é lamentavelmente muito mais triste e perigoso. Milhares de Espíritos, trôpegos e infelizes, também invadem as avenidas, em um triste e feio espetáculo, que transforma o carnaval em terrível circo dos horrores de grandes e atemorizantes proporções.

A música de Caetano Veloso que diz: *"Atrás do trio elétrico, só não vai quem já morreu"*, está totalmente equivocada, pois os queridos malfeitores das trevas, os *"vagabundos do mundo oculto**,*"* como definiu Allan Kardec, vão atrás sim e se vinculam aos foliões pelos fios invisíveis das preferências que estes trazem escondidas no íntimo. Dezenas, centenas, milhares de entidades vampirescas abraçam e se desdobram em influenciar os foliões, para juntos beberem, fumarem, drogarem-se, entregarem-se ao sexo desvairado e cometerem os mais tristes desatinos.

O Homem vive onde e com quem se sintoniza psiquicamente. E essa hedionda sintonia ocorre por conta dos desejos e tendências existentes na intimidade de cada um. E é graças a essa lei de afinidade que os Espíritos ignorantes ou maus vinculam-se aos foliões descuidados, induzindo-os a orgias deprimentes e atitudes grotescas, animalizadas, de lamentáveis consequências.

Quantos crimes acontecem nesses dias, quantos acidentes, quanta loucura, quantas dores e lágrimas. Tramas terríveis são ardilosamente arquitetadas no além-túmulo, esperando por esses dias em que o desequilíbrio é a tônica.

Enquanto os foliões se envolvem com o brilho

****Vagabundos do mundo oculto*** *— Procedimento para afastar os maus espíritos – Fonte: Revista Espírita, de setembro de 1859.*

dos refletores, com plumas, paetês e lantejoulas nas avenidas feericamente iluminadas, os bons Espíritos veem e lamentam pelo ambiente espiritual deprimente, triste, envolto em escuras nuvens criadas pelas vibrações mentais negativas.

O resultado cruel desse grotesco espetáculo se faz sentir de forma rápida e inexorável. É dramática e dolorosa a triste estatística de horrores, durante e após o carnaval. Além dos crimes que acontecem durante, outros são cometidos depois do carnaval, mas por causa dele, como nos abortos realizados, fruto de envolvimentos insensatos.

As pessoas deveriam se perguntar se vale a pena pagar o alto preço cobrado por alguns dias de loucura. Será que é compensador ver seu nome na estatística macabra que se dá no carnaval e após ele?

Algumas pessoas devem pensar: *eu brinco, mas não faço nada de errado!* É possível... Mas quem atravessar um pântano de lama fétida, local de doenças e outras mazelas, pode até acontecer de não adoecer, mas que vai sujar-se, não há a menor dúvida...

Ah, e não há razão para tentar falar do exemplo do lírio belo e perfumado que brota nos pântanos. Ele nasce lá, mas seu perfume e beleza só são realmente percebidos, quando ele está longe, bem longe, daquele lugar.

Quem achar que está havendo exagero, ponha a fantasia de bobo da vida, a máscara da insensatez e libere geral, mas não esqueça de, na Quarta-Feira de

Cinzas, ao retornar para casa, convidar os inúmeros foliões desencarnados que estão em sua companhia, querendo mais, mais e mais.

Para atravessar a tempestade de energia negativa que envolve o carnaval, sem ser tocado por ela, só se você for alguém espiritualmente iluminado. Mas se você for tão iluminado, com certeza não estará participando dele...

A instrução do seu "cliente pagador", que era como Márcio chamava aqueles que o procuravam, era que parecesse uma morte natural e não uma execução.

Sem problemas! Pensou ele.

Fazer que um assassinato parecesse natural era a sua especialidade, a razão maior para haver uma demanda tão grande pelos seus caros serviços.

O contato entre cliente e executor ficara extremamente fácil depois do advento da internet. Fácil e seguro. O cliente pagador enviava uma mensagem codificada e, a partir daí, eram acertadas as condições necessárias para fecharem o acordo. Nunca havia encontro entre os dois e as mensagens trocadas eram muito simples. Nome e foto da vítima; último endereço conhecido do trabalho e residência; o número de uma conta bancária que receberia sempre 50% do combinado naquela ocasião e o restante após o cumprimento do contrato.

Ele ficava de posse de um número de telefone do seu cliente, para alguma situação emergencial ou para dar o contrato como cumprido. Como não usava telefone, para evitar ser descoberto via GPS, não haveria como encontrá-lo. Só se quisesse e ele nunca queria. Daí surgiu o codinome "Assassino das Sombras". E havia alguma lógica, pois até então ele nunca fora visto e ninguém tinha a menor ideia de como ele era, morava, nascera etc.

Mesmo com tanto mistério a envolvê-lo, era considerado quase como um mito, uma lenda viva. Angariara essa triste reputação por nunca ter falhado, e um tremendo respeito por jamais aceitar um contrato que envolvesse mulheres, adolescentes ou crianças.

Era conhecida a história — não contada por ele — que ele recusara dois milhões de reais para executar a esposa de um milionário empresário que queria ficar livre para se casar com a amante. A única exigência é que parecesse suicídio, uma das suas especialidades. Mas era uma mulher e nenhum dinheiro faria com que ele mudasse de opinião e aceitasse. Era meio paradoxal, porque quando o alvo era homem e adulto, pouco lhe importava o motivo e não amargurava qualquer sentimento de culpa ou remorso, e, sem qualquer espécie de constrangimento, executava a pessoa.

Agora, em plena folia momesca e às voltas com um ensurdecedor barulho, enquanto aguardava a oportunidade que Fernando mais cedo ou mais tarde ofereceria, ele pensava em como tudo aquilo começara.

Tinha sido em julho de 1990, quando Saddam Hussein, então presidente do Iraque, acusou o Kuwait de causar a queda dos preços do petróleo e retomou antigas questões de limites, além de exigir indenizações.

Como o Kuwait não cedeu, em 2 de agosto de 1990, tropas iraquianas invadiram aquele país, com a exigência do tirano de controlar seus vastos e valiosos campos de petróleo. Era o início da Guerra do Golfo, que foi um conflito militar iniciado em agosto do mesmo ano, na região do Golfo Pérsico, com a invasão do Kuwait por tropas do Iraque. Essa guerra envolveu uma coalizão de forças ocidentais, lideradas pelos Estados Unidos e Grã-Bretanha, contra o Iraque.

O Ocidente reagiu, e a ofensiva aliada, além das suas tropas regulares, contou com milhares de mercenários que lutaram juntamente com um exército de outra nação, mediante pagamento ou direito à divisão dos despojos. Assim, foram contratados ex-policiais e militares da reserva colombianos, cubanos e brasileiros, com salários de 7 mil dólares, e três meses de férias na Europa. A contratação de tais mercenários foi mediada por empresas latino-americanas, que, por sua vez, repassaram a tarefa para prestadores de serviços, iniciando uma verdadeira "rede de fantasmas".

Ele dera baixa do Exército Brasileiro, após concluir dois dos mais difíceis cursos nas Forças Armadas Brasileiras: Guerra na Selva e Forças Especiais, que vieram juntar-se aos cursos de Paraquedista e Guerra na Caatinga.

Foi contratado por uma empresa aparentemente de segurança de instalações e de autoridades, depois que lhe foi feita uma oferta bastante generosa, por conta do seu currículo, superior à da imensa maioria de outros mercenários: 15 mil dólares mensal e férias de quatro meses. Ele aceitou e, em pouco tempo, estava no Iraque onde se destacou pela frieza e excepcional cumprimento das missões recebidas, todas com incrível grau de dificuldade.

Seus companheiros comentavam que nada conseguia abalá-lo, e a única diferença que era visível nele, quando estava cercado por inimigos, tenso, emocionado ou prestes a executar alguém, era que seus olhos de um cinza-claro, pareciam cobertos por uma névoa e o cinza parecia escurecer. Provavelmente por *"efeito da adrenalina"*, pensavam seus companheiros.

Atualmente, vários países, principalmente os Estados Unidos, vêm se utilizando dos serviços de mercenários no âmbito da segurança interna, no combate ao terrorismo e como segurança externa em zonas de guerras. Tal investimento maciço é uma das novas tendências já esboçadas na Administração Clinton e que ganhou imensa força com George Bush.

É a forma de tentar resolver duas grandes preocupações americanas: o impacto, sobre a opinião pública americana, da morte de seus homens; e de tentar baixar os custos da guerra. É sabido que, desde a Guerra do Vietnã, os Estados Unidos são altamente refratários a uma elevada e desestimulante "contagem de corpos". E em guerras internacionais, com motivação duvidosa, após uma chegada maciça de mortos, a opinião pública tende a rejeitar a participação no conflito. Foi isso que se denominou

"Síndrome do Vietnã". Além disso, um soldado americano, em média, custa cerca de 4 milhões de dólares ao governo. Enquanto nepalenses ou latino-americanos saem bem mais baratos, e suas mortes não causam qualquer impacto na opinião pública americana.

Entretanto, a ação dos mercenários contratados tem sido decepcionante para os que desejam privatizar a guerra. Em casos sucessivos, eles têm sido incapazes de entender a antropologia local, comportando-se de forma arrogante, indisciplinada, desafiadora e gerando forte reação contrária, principalmente entre a população da área de conflito, cujo apoio é indispensável.

Além do mais, muitos abandonam seus postos ou fogem covardemente diante do fogo inimigo. É extremamente difícil manter a disciplina e o Espírito de luta, em homens voltados para a guerra apenas como forma de enriquecimento e sem qualquer envolvimento patriótico.

Márcio Luiz era diferente. Cumpriu o contrato firmado com a empresa contratante e, mesmo com reiterados pedidos para que permanecesse e com os salários duplicados, ele não aceitou. Antes de regressar ao Brasil, Wladimir Spinelli, seu empregador, disse-lhe que tinha um pequeno problema independente e perguntou-lhe se ele não gostaria de tomar alguma providência definitiva em relação à pessoa que causava o problema. Seriam 50 mil dólares e nenhuma pergunta depois. Mas teria de parecer natural...

Foi quando Márcio conheceu Luiz Carlos Costa, que em pouco tempo conquistou a sua confiança e o incentivou a aceitar a empreitada que lhe fora proposta por Wladimir. Depois de pensar bastante, resolveu aceitar, mas havia algumas condições e também a necessidade de ficar protegido. Além de não poder ser mulher, adolescente ou criança, deveria ser um homem adulto. Disse que pessoalmente não estava interessado, mas que conhecia alguém que faria o serviço e que ele seria o contato.

Na realidade, ele mesmo executou o serviço e de forma que pareceu uma morte natural. Ao comunicar ao empregador seu cumprimento, foi parabenizado pela maneira como tudo transcorrera.

— O seu amigo é bom. Muito bom mesmo. Já depositei os outros 25 mil na conta. E se no futuro eu precisar de uma nova providência? — perguntou Wladimir Spinelli, agora na condição de cliente.

— Vou saber dele e depois informo...

— E você? Eu estou perdendo um dos meus melhores e o mais frio executor que já conheci...

— Eu? Senhor Wladimir, eu estou me aposentando. Vou comprar uma fazendinha no Nordeste do Brasil e ver a vida passar. Até logo!

Capítulo II

O executor

Alguns meses depois, sempre estimulado pelo onipresente Luiz Carlos, ele criou "Márcio Luiz", seu alter ego. Descobriu também uma forma de, pela internet, atender as pessoas com "problemas" a serem resolvidos para que entrassem em contato com Márcio Luiz, sem que a sua segurança estivesse ameaçada.

Deu início também à Operação Borracha, pois precisava apagar as suas pegadas, seu nome verdadeiro e qualquer outra informação sobre o seu passado. Para todos os fins, ele deixara de existir. Agora havia apenas Márcio Luiz, o executor, que em pouco tempo seria chamado de Assassino das Sombras. Aliás, ele não se considerava um assassino, porque, afinal, *todos não morrem*? Informou ao seu cliente pagador e esperou...

Não demorou muito e os pedidos começaram a aparecer. Com as suas condições, sempre as mesmas, sendo respeitadas, em cinco anos de atividades, ele perdeu a conta de quantos "problemas" resolveu...

Era muito cuidadoso no que fazia. Matar era fácil e qualquer um poderia fazê-lo... Agora, matar e fazer com que todos acreditassem, inclusive médicos legistas, que a morte fora natural, só mesmo Márcio Luiz, cujo rosto ninguém jamais havia visto...

Certa vez, ele se preparava para eliminar um alvo, seguindo-o na movimentada estação do metrô de Afogados, quando, de forma surpreendente, a vítima se jogou na frente do trem, suicidando-se e poupando-o do trabalho. No dia seguinte, sem qualquer constrangimento, telefonou de um orelhão para o cliente, avisando que o serviço fora feito.

O cliente que lera no jornal sobre a morte do seu antagonista, desconfiou um pouco e disse:

— Mas pareceu suicídio...

— E não foi por este motivo que fui contratado? Para parecer natural? Se não parecesse suicídio eu teria falhado!

Sem argumentos, o cliente determinou o restante do pagamento, até porque soubera que outro cliente tentara enganar Márcio Luiz com o pagamento e pouco tempo depois "se suicidara".

Outra vez, uma das vítimas, Bruno Dornelles, ao saber que seria executado, tentou mexer com o seu amor-próprio, indagando se ele não se sentia um covarde, matando uma pessoa sem lhe dar a chance de se defender. Ele ia responder, quando Luiz Carlos falou através do fone auricular:

— *Não pense, apenas faça*!

O executor pensou um pouco e respondeu ao

seu alvo:

— O meu trabalho é matar e não brigar! E assim fez.

Um motivo para justificar a execução de alguém? Não precisava. Não tinha nenhum problema de consciência e nunca perdia o sono antes ou depois de eliminar o "problema". Agora, estava ali a observar como Luiz Carlos fazia bem a sua parte.

De repente, para irritá-lo ainda mais, muito mais do que o tronitroar incessante dos tambores, clarins, tamborins etc., ele vê a jovem de nome Sharlene Mayara aproximar-se. Sabia o que aconteceria. Embora não sentisse nada, positivo ou negativo, em relação a ela, ele a respeitava e permitia que falasse. Achava que Sharlene conquistara este direito desde o dia em que tentou evitar que ele eliminasse um dos seus primeiros alvos. Fora a única pessoa que demonstrara alguma preocupação com ele.

Como se adivinhasse seus pensamentos, a jovem havia sugerido que ele pensasse melhor antes de atirar. Ela não o repreendeu, apenas sugeriu. Se o repreendesse, provavelmente a mataria. Mas não, apenas aconselhou, dizendo-lhe um monte de "bobagens", que um dia teria de prestar contas; que só Deus, o Senhor da Vida, é que poderia tirar a vida, livre-arbítrio, ação e reação, que a vida continuava etc. etc. etc. Certa vez, após ouvi-la, perdeu a paciência e vociferou:

— Bobagens! Um caminhão de bobagens. Se Deus existisse mesmo, então seria um omisso, pois mesmo sendo o tal "Senhor da Vida", permite que pessoas como eu se transformem em senhores da morte! Prove-me que Ele existe!

— Eu não quero provar a existência de Deus a você. Ele não precisa. Se o seu trabalho é matar, o meu é tentar fazer com que desista e, para isso, eu gostaria que você falasse mais sobre você... respondeu Sharlene.

— Falar de mim? Não! Falar de si mesmo pode ser um jeito de esconder aquilo que realmente a pessoa é. Talvez fosse mais interessante você descobrir porque, mesmo sendo a única pessoa que me conhece, além do meu parceiro, eu a deixo viver. Embora isso possa mudar. Pare de me seguir e vá cuidar da sua vida.

— Talvez eu faça isso, mas apenas quando eu tiver certeza de que não conseguirei ajudá-lo.

Naquele momento ele ouve a voz do seu parceiro. Ele parecia irritado.

— *O que ela quer? Confesso que lhe desconheço nessas ocasiões...*

— Nada, Luiz Carlos... Não foi nada...

— *Nada? O grande executor de olhos cinzentos fica hesitando porque uma mulher tola vem encher a sua cabeça com histórias de livre-arbítrio, causa e efeito etc.?*

— Não. Apenas a ouço como uma cortesia, mas ninguém me impedirá de fazer o que eu tiver de fazer. Inclusive você!

—*Isso! Não pense, apenas faça!*

—Eu sei...

— Seu parceiro não é seu amigo — disse Sharlene.

— Não quero amigos. Um assassino em série, como dizem que eu sou, é um tipo de criminoso de perfil psicopatológico que comete crimes com certa frequência, geralmente seguindo um *modus operandi* e às vezes deixando sua assinatura, um sinal, que indica que foi a mesma pessoa que cometeu o delito. E, para isso, é imprescindível não ter amigos e o meu "sinal", a minha assinatura, é que não elimino problemas por menos de 100 mil reais! Este sou eu! Um assassino! Um matador! Um caçador! É da minha natureza!

— Meu querido! exclamou Sharlene.

— Não me chame de querido!

— Meu querido! Seres humanos individuais, exceto uma pequena minoria de psicopatas, que não é o seu caso, porque você não sente prazer no que faz, simplesmente não são assassinos naturais. Ou você pretende dizer que nasceu assassino?

— Nasci! E a minha certeza vem da história judaico-cristã, que alega que os seres humanos existem em um mórbido estado de pecador; caracterizado pelo livro bíblico Gênese, que narra o primeiro assassinato da história, quando Caim mata Abel. Foi dele que nós herdamos a "marca de Caim", o que faz de todos nós assassinos em potencial...

— A Bíblia precisa ser mais bem compreendida...

— Pode ser... Mas, por outro lado, a guerra legaliza, legitima o assassinato, pois ela é a arena na qual os homens comuns se tornam rotineiramente assassinos. Como eu...

— Se você se tornou um assassino, quer dizer que antes você não era. Então, poderá mudar novamente!

Ser um homem comum... prosseguiu Sharlene.

— Não dê ouvidos a ela. Você está desviando o foco do alvo... Mande-a embora. Agora! quase gritou Luiz Carlos, seu ranzinza parceiro.

— Cale-se! — ordenou Márcio. E voltando-se para sua interlocutora, que permanecia imperturbável, indagou:

— Segundo você, o que leva alguém a matar? Má índole? Um desvio de comportamento? Por que eu mato?

— Você recebe pelas mortes que pratica, mas não mata pelo dinheiro... Nem tem prazer em matar... A Psicologia ainda tenta entender o que se passa na cabeça de alguém que pratica um assassinato. Ao certo, apenas se sabe que crimes dessa natureza podem estar ligados a desvios de comportamento gerados, na maioria das vezes, durante a infância, já que durante esse período o caráter das pessoas é moldado e a noção de limites entre o certo e o errado e o bem e o mal são absorvidos — respondeu a jovem.

— Não é o meu caso. Nem infância eu tive...

— Talvez a explicação esteja exatamente aí. Você ficou em um orfanato até a maioridade quando entrou para o Exército e...

— Como sabe disso?

— Como posso ajudá-lo se eu não conhecer os detalhes da sua vida? Pesquisei muito sobre a vida em geral e descobri muita coisa interessante...

— Não quero saber...

— Querido amigo! A dor, as dificuldades, nem sempre são o resultado dos erros passados. Já conversamos em outras ocasiões, mas lembre-se de que já lhe falei que nem toda prova que experimentamos é porque temos algo do passado a ser reparado.

— Não? E não me chame de querido! — quase gritou Márcio.

— Claro que não. O corpo é como uma roupa que reveste o Espírito e esta roupa se desgasta com o tempo, adoece, envelhece, morre... É uma das leis da vida. Se nós atravessamos de modo irresponsável um sinal aberto para os veículos e somos vítimas de um atropelamento, isso não é necessariamente consequência do nosso passado, mas do que acabamos de fazer.

— Você acha que vai conseguir me convencer disso? Porque, dessa forma, parece que tudo foi antecipadamente traçado...

— A Lei de Causa e Efeito é clara: as palavras, pensamentos e ações geram consequências, em princípio da mesma qualidade e intensidade. Se as suas atitudes são equilibradas, você estará produzindo consequências saudáveis. E o contrário idem. Repito: ninguém foge das leis da vida.

— Então, estou cumprindo meu papel! Eu sou o braço armado para punir os que desafiam as leis da vida! Eu puno os infratores! — tentou justificar Márcio.

— A Lei Divina não é punitiva; é educativa. Ela não diz: "Tem que pagar", e sim "Tem que reparar". Se você faz o mal a alguém, fere os sentimentos de uma pessoa, mas quando se arrepende, decide mudar e começa a consolar, ajudar e orientar pessoas, dando-lhes esperança, você estará iniciando a reparação do dano causado anteriormente.

— Mas no meu caso particular, que nasci para matar e...

— Ninguém nasce com a missão de ser mau, de ser um assassino! Se houvesse esse determinismo, a pessoa, no caso você, não seria responsável pelo mal que praticou. Você poderia dizer: mas não estava programado? Que culpa eu tenho de ter nascido um matador? Não! Até seu nome você precisa esconder!

— Meu nome? Meu nome é Márcio Luiz e...

— Não. Este é o nome que você usa. Seu verdadeiro nome é outro bem diferente...

— Assim você está pedindo para morrer! Ninguém sabe disso e...

— Não. Não ameace que não é do seu feitio. Você jamais me mataria.

O matador de aluguel olhou-a nos olhos e viu que ela tinha razão. Por alguma razão desconhecida, ele sabia que não a machucaria nunca. Mas ela não precisava saber disso...

— Vou pensar se a deixo viver. Mas desde já a aconselho a não desperdiçar seu tempo comigo. Eu não fiz o juramento de Hipócrates para salvar vidas. Aliás, por que você não investe nos médicos holandeses que recebem treinamento formal, na Faculdade de Medicina, para praticar a eutanásia?

— Mas...

— Moça! A Sociedade Real Holandesa de Farmacologia distribui a todos os seus médicos um livro sobre como praticar a eutanásia. Ou eutanásia não é um assassinato?

— Sem dúvida e...

— Esse livro contém receitas de venenos que não são detectáveis, e que os médicos podem colocar na comida ou injetar de tal forma, que se torna quase impossível detectá-los durante uma autópsia. Eu até conheço alguns e já utilizei em certas ocasiões!

— Amigo!

— Não sou seu amigo! A Sociedade Holandesa da Eutanásia publicou em 1977 o manual *Como praticar a Eutanásia,* do dr. Pieter Admiraal. Os grupos de eutanásia oferecem esse manual a todos os médicos na Holanda, depois o traduziram para o inglês e enviaram-no para os Estados Unidos. Os médicos sabem de antemão quanto custa o tratamento para cada dano ou doença comum, porque estão registrados em diagramas de fácil consulta e análise para cada caso. Os administradores de hospitais orientam os seus médicos a usarem esses diagramas e aplicarem injeções letais "involuntariamente", principalmente nos pacientes idosos, pacientes terminais e os que exigem tratamento de longa duração, cuja assistência é considerada muito dispendiosa.

— Meu Deus! — lamentou a jovem Sharlene.

— Deus? Ele deve estar dormindo, pois permite que um assassino como eu continue vivo e que o médico holandês Herbert Cohen descreva detalhadamente como mata os seus pacientes. É até interessante observar a atenção dele para o detalhe estético, e também é significativo falar que ele é apenas um dos muitos médicos holandeses que dão consulta domiciliar não para curar, mas como matar!

— *Ele está indo ao banheiro!* — alertou Luiz Carlos.

— Desculpe-me, salvadora de inúteis, mas tenho um trabalho para fazer, um contrato para cumprir.

— Meu amigo... Não faça isso! Você está plantando coisas terríveis. Tenha fé! — rogou Sharlene.

— Já disse que não sou seu amigo. Quanto à fé... Fé? Agradeço, mas não quero, até porque já ouvi dizer que ter fé significa não querer saber o que é a verdade. Vá embora, moça, pois caso contrário será uma testemunha e eu nunca deixo testemunha para contar alguma coisa. Vá!

Sharlene baixou a cabeça e lentamente afastou-se. Parecia não se importar com a multidão que a cercava. Em contraste com a excitação e alegria reinantes, duas lágrimas lhe desceram pela triste face.

O Assassino das Sombras, de posse de duas seringas finíssimas, ligadas entre si e com a diferença de que as pontas das duas agulhas pareciam as presas de uma serpente, ocultas pela sua mão enorme, dirigiu-se ao banheiro. Só precisava ter dois segundos para injetar um perigoso veneno de jararaca no seu alvo. Era um mestre em venenos, pois os estudara durante anos.

Uma picada da jararaca ocasiona nas primeiras três horas uma reação inflamatória no local da picada, como inchaço, calor e extrema dor, além do sangramento, que tende a complicar-se após seis horas como necrose e gangrena.

É danosa sua ação na região da picada, pois consome o tecido no local. Por isso, em relação ao risco de necrose, uma picada no dedo é muito pior que na perna porque a quantidade de veneno inoculado permanece concentrada em uma pequena área.

Em casos mais graves, quando a vítima não procura assistência, após algum tempo pode ocorrer a sua morte por insuficiência renal aguda. Sem falar que o veneno de jararaca é mortal para os hipertensos.

Com o calor do corpo por conta da folia, tão cedo Fernando não procuraria cuidados médicos. Atribuiria tudo ao desperdício de energia, excessos, bebida etc. Além do mais, uma boa pesquisa mostrara que ele era hipertenso e poderia enfartar com o veneno inoculado.

Calculou tudo direitinho de forma que, quando Fernando, o alvo, ia saindo do banheiro, ele se fingindo bêbado e empunhando uma garrafa na mão esquerda, pareceu tropeçar e agarrou-se nas pernas de Fernando para não cair. Foi o tempo suficiente e necessário para injetar-lhe o veneno, que esperava fosse letal!

Fernando ajudou-o a levantar-se, passou a mão na perna no local onde fora picado, mas, por causa do estado de excitação em que se encontrava, não percebeu nada, além do fato de ter sentido uma rápida espetada, que atribuiu aos mosquitos que existem nas orlas marítimas. Olhou para a mão que passara na perna, não viu nada e voltou para a folia, sem desconfiar que alguém acabara de inocular um veneno mortal na sua perna.

Depois de limpar possíveis digitais da garrafa e colocá-la no cesto de lixo, Márcio Luiz retirou de uma pequena sacola que trazia a tiracolo uma cobra jararaca. Estava morta e fora dela que ele extraíra o veneno. Aproveitou o momento em que ficou só e a colocou por trás de um vaso sanitário.

Saiu, foi até a beira-mar e depois de limpar as impressões na seringa, quebrou-a com uma pedra e, de um dique que avançava pelo mar, espalhou os pequenos pedaços. Paradoxalmente, preocupara-se em deixá-los bem pequenos, para que não pudessem ferir alguém! Parou dois segundos, tentando lembrar-se se esquecera algo. Era difícil ele cometer falhas, mas sempre propiciara a si mesmo o benefício da dúvida.

— Feito! — falou baixinho.

— Por que na perna e não no pescoço, cujo efeito seria muito mais rápido? — indagou Luiz Carlos.

— Picada de cobra no pescoço? — respondeu Márcio.

— Ah, entendi... Certo! E agora?

— Agora? Ir embora e esperar — decidiu o matador.

No dia seguinte, o jornal informou que o superintendente de um Orgão Público, Fernando Antônio, estava internado em estado grave e tudo levava a crer que fora picado por uma cobra. Infartara e estava com insuficiência renal aguda. Já no período da tarde, a cobra foi encontrada e a despeito de ser estranha a sua presença no banheiro de uma cidade litorânea, não havia outra explicação. Dois dias depois, Fernando veio a falecer.

— Feito! Pode depositar os outros 50 mil reais!

Cobrou do seu cliente que ficara extremamente satisfeito com a execução.

Capítulo III

Hades

Na sala de espera do cais de embarque, no porto do Recife, eles seriam conduzidos para um iate. Observando-os atentamente, percebia-se que ali reinava um clima de incertezas, dúvidas e muitas perguntas sem respostas. Todos haviam recebido o estranho convite e o aceitaram, mesmo sem terem ideia de quem seria o organizador daquele esquisito passeio, que os convidara e agora os levava para participar do **I Seminário Espírita de Fernando de Noronha**.

Finalmente um homem apresentou-se como Gilson Alberto, mais conhecido como Kiko Beto, responsável pelo Terminal de Passageiros, que os conduziu ao belo e luxuoso iate de nome Hades. Os passageiros, embora alguns se conhecessem, não pareciam dispostos a começar qualquer tipo de conversa. Todos se limitavam a monossilábicos cumprimentos formais. A curiosidade que os invadia era tanta que ninguém conseguia relaxar e ficar despreocupado.

Depois de algum tempo, o Hades zarpava para

Fernando de Noronha. A bordo, além dos passageiros, estava a tripulação que era composta pela cozinheira Élida Lyra; a arrumadeira Mônica Bezerra; Geraldo, o lacônico mordomo; e José Barbosa, o piloto. O mordomo encarregou-se de cada mala, de cada detalhe, e concluiu seu trabalho inicial, com a designação da cabine para cada passageiro. Menos para as mulheres contratadas como domésticas. Para elas não havia cabines. Mas sob o olhar severo e crítico, de visível desaprovação do mordomo Geraldo, duas convidadas, Melissa Shintaku e Carminha Cardoso, convenceram Mônica e Élida a ficarem com elas nas suas cabines.

Viajaram durante todo o dia e à noite, e aproximadamente às 22 horas, atracaram. O mordomo os conduziu a uma casa de veraneio, bela e grande. Assim que desembarcaram, o iate tornou a zarpar, pois o piloto José Barbosa fora instruído para retornar ao litoral.

Carminha convidou os presentes a participarem do Evangelho no Lar, em uma reunião que seria "ecumênica"! Sentados à mesa, sob a sua direção, estavam o mordomo Geraldo, Melissa, Élida, Rivadávia e Sheyla Akemi. Um pouco separados e com um ar de ironia nos olhos e lábios, estavam Sacha Maryon, Mônica Bezerra, João Moreira e Antônio Heber. E mais afastados, aparentemente alheios ao que acontecia, Nair Laureano e Fábio Cadengue.

Quase todos concordaram em participar, e os que não aceitaram fizeram-no educadamente. A exceção ficou por conta de Antônio Heber, que se recusou "*porque não queria ter nada a ver com macumba!*"

Carminha fez uma leitura rápida do livro *Sinal Verde*, do Espírito André Luiz, psicografado por Chico Xavier e solicitou que Sheyla fizesse a prece inicial. *O Evangelho Segundo o Espiritismo*, aberto por Rivadávia e caiu no *Capítulo XII — Amai os Vossos Inimigos — Instruções dos Espíritos, item 9 — A Vingança!*

Melissa, jovem professora da Faculdade Espírita de Olinda (FEO), teceu alguns comentários sobre o que havia sido lido e Carminha se preparava para solicitar à Élida que fizesse a prece de encerramento, quando Sacha, secretária da mesma Faculdade Espírita, com uma voz de homem, grossa, que externava escárnio e agressividade, cumprimentou:

— *Boa noite, tolos!*

Como ninguém respondesse de imediato, até pelo inusitado da situação, pois, na prática do Evangelho no Lar, as comunicações mediúnicas não devem ocorrer e Sacha nem estava à mesa, o recém-chegado continuou:

— *O que aconteceu? Perderam a língua? Ou estão assustados demais para falar?*

— Seja bem-vindo, meu irmão! — Era Carminha, também professora da FEO, titular da cadeira de Esclarecimento Doutrinário. Também experiente doutrinadora em trabalhos mediúnicos do Grupo de Psicofonia do Núcleo Espírita Aristides Monteiro (NEAM), responsável pela fundação da FEO. Após se recobrar da surpresa, ela decidiu conversar com ele.

— Irmão?

— Está me chamando de irmão? Se você soubesse o que eu pretendo e vou fazer, tenho certeza de que não me chamaria de irmão.

Antes que Carminha continuasse, Rivadávia, que era médium vidente, disse baixinho no ouvido dela, que se tratava de uma entidade perigosa e que plasmara mentalmente uma aparência semelhante ao famigerado e fantasiado diabo bíblico. Carminha recomeçou:

— Sou sua irmã sim, independente de você ser alguém que não se mostra como realmente é e que usa de uma fantasia pouco criativa, para intimidar as pessoas.

— Ah, então o famoso Pai Rivadávia de Olinda já deu com a língua nos dentes? E você, mulher tola, não tem medo?

— Medo? Claro que não. Apenas lamento por você...

— Por mim? Lamenta por mim? Você deve ser louca! Você ainda não percebeu o que está acontecendo? Não sabe que todos estão presos na minha armadilha? Que é chegada a hora da vingança?

— Vingança? Confesso que não entendi...

— O "tal" do Evangelho que vocês leram não falou de vingança?

— Falou, mas com uma conotação totalmente diferente do que você está a insinuar!

— Ótimo! Então eu vou mostrar que a vingança pode até ser um processo bárbaro, mas é um direito de quem foi ofendido! Um direito inalienável!

— Será mesmo? E a quem ofendemos? E se ofensa houve, quem ofendeu a quem? — perguntou Carminha.

— Todos! Todos vocês são culpados e têm que pagar!

A quem ofenderam? Você não sabe? Descubra!

— Mas como pagar, meu querido irmão, sem sabermos o que, quanto e a quem devemos?

— *Ah, você até que é inteligente, mas eu sou mais, muito mais. Contudo, como sei das enormes deficiências intelectuais e morais deste grupo, vou adiantar algumas coisinhas. Todos vocês devem algo a alguém, de forma direta ou indireta. E para piorar a situação, alguns são espíritas e o Espiritismo é uma farsa que vem me incomodando há muito tempo, roubando-me seguidores fiéis! Quando a minha armadilha fechar o cerco sobre vocês, é que quero ver se são mesmo espíritas.*

— Meu irmão, não gostaria de ser mais claro? — indagou Carminha.

— *Ah, eu adoro quando você me chama de irmão... Eu fico me sentindo meio anjo, de asas e auréola! Mas voltando ao seu questionamento... Se eu gostaria de ser mais claro? Hum... Vejamos... Os espíritas pregam, entre outras coisas, o perdão, a resignação ante as adversidades da vida e que não existe morte. Confere?*

Antes de Carminha responder, a entidade continuou.

— *Dizem até que o "Espiritismo Matou a Morte"! Concorda?*

— Plenamente! É que...

— *Cale-se! Vai querer ensaiar comigo uma doutrinação? Não perca seu tempo. Sou invulnerável às ultrapassadas técnicas de esclarecimento que você usa e ensina na tal FEO. Mas como sou um obsessor legal, um irmão, posso adiantar que como os espíritas dizem que "não há acaso", todos estão aqui, porque eu quis que assim fosse.*

— Sério?

— *Claro! Mas não temam, pois eu sou tão bom, um amigo, um anjo — mesmo que de asas negras — que estou lhes oferecendo uma sensacional e imperdível oportunidade de pôr em prática o que a "maravilhosa" Doutrina Espírita ensina: Fé! Perdão! Resignação! Amor!* etc. etc. etc.

— Mas e você, querido irmão? Por que tanta agressividade? Tanto rancor? Eu me preocupo com você e gostaria de saber seu nome, caso você queira dizer e...

— *De novo? Nova tentativa de esclarecimento? Você é persistente, mas não perca seu tempo nem a sua energia. Vocês vão precisar muito dela, principalmente você!*

— Eu? Por que principalmente eu?

— *Ora, dona Carminha! Foi você quem começou tudo! Foi você quem me deu a chance que eu esperava.*

— Não estou entendendo...

— *Devia pensar mais, antes de fazer aquele pedido!*

— Que pedido?

— *Não lembra? O estranho pedido?*

— Não...

— *Não? Quem fez a célebre lista?*

— Lista?

— *Sim! Quem fez o pedido?*

— Por favor! Quer falar de uma vez?

— *Ao Anjo da Morte! A lista dos descartáveis! Dos indesejáveis! Foi você e está sendo atendida, cara espírita! Lembre-se do "Pedi e obtereis"!*

— Meu Deus!

— Deus? Ele não está nem aí para os problemas dos homens. Se Ele tivesse os poderes que dizem ter, estaria tudo resolvido.

— Deus é Amor, é Bondade, mas também é Justiça!

— Ora, cale-se, mulher tola! Você não sabe de nada!

— Mas a Justiça Divina...

— Justiça? Você deve ser mais uma, entre milhões de pessoas, que foram alienadas pelas religiões! Mas isso não me importa. Vamos aos fatos e enquanto o seu Deus não desce do Seu trono dourado e vem resolver os problemas dos homens...

— Engraçado...

— O que há de engraçado?

— A sua descrença em Deus...

— E daí? Grande novidade eu não acreditar Nele...

— Mas Ele acredita em você! E o engraçado é como tantos zombadores atrevidos se acovardam diante das tempestades que açoitam as suas vidas! Por que é fácil mostrar descrença na força divina, na Sua existência, quando tudo vai bem. Todavia, nos momentos de agruras, inseguranças e sofrimentos, sempre é a Deus, o Criador, a quem recorremos! Inclusive você, meu querido irmão! — concluiu Carminha.

Impaciente e tentando mostrar uma indiferença que não sentia, o Espírito continuou.

— Como eu ia dizendo antes de ser interrompido com pieguices, os espíritas aqui presentes podem até aproveitar a oportunidade, para converter aqueles incrédulos que estão a nos observar com os olhos arregalados. Será que

estão com medo? Nunca ouviram um Espírito falando?

Realmente, Fábio Cadengue, João Moreira, Nair Laureano, Antônio Heber e Mônica Bezerra pareciam petrificados. Não podiam acreditar naquilo que estavam ouvindo, mesmo sabendo que aquela voz... Não era a voz de Sacha! O Espírito soltou uma gargalhada e disse:

— *Quando eu me for, dê um calmante para o valente Antônio Heber e a destemida Mônica Bezerra, que estão quase desmaiando! Lamento, mas o sonho de conhecer Fernando de Noronha, só nas próximas reencarnações!*

— Querido irmão...

— *Nas suas ridículas e ineficientes preces, agradeçam pelo fato de eu ser "bom", um "anjo" e proporcionar-lhes a oportunidade de exercitar as virtudes que vocês vivem apregoando e cobrando dos outros! Ah! Um nome! Você quer um nome? Meu nome? É Júlio. Júlio Pereira Castro. Adeus!*

— Júlio... Espere!

— *O que é mulher insistente?*

— Deixe-me agradecer.

— *Agradecer? Pela destruição de vocês? Está maluca? Você ainda não percebeu que vocês são as minhas presas? Que todos morrerão? Um a um? Que vocês estão nas garras de um matador? De um caçador? Um Caçador de Espíritas?*

— Caçador de Espíritas? Você? Bem, deve estar havendo algum engano porque nem todos os presentes são espíritas... Mas não importa... Eu preciso agradecer, porque sinto que se realmente você preparou uma armadilha para nós, deve ter pensado melhor e agora, por estar meio arrependido, veio nos avisar e...

— *Avisar? Eu não quero os seus agradecimentos. Quero... Quero é... Adeus!*

A estranha entidade foi embora e depois de algum tempo, Carminha solicitou que Élida fizesse a prece de encerramento. A água fluidificada foi servida e até Antônio e Mônica, visivelmente pálidos, aceitaram tomar um gole, não por acreditar, "*mas porque mal não faria*"!

Sacha Maryon, que era médium inconsciente e não era espírita, não se lembrava de nada, mas sentiu que a maioria olhava para ela, como se tivesse feito algo de anormal.

Os espíritas, antenados com o indispensável "*orai e vigiai*", procuravam analisar cada palavra mencionada pelo Espírito que se dizia chamar Júlio Pereira Castro. Quanto aos outros, por comodismo, ceticismo ou mesmo muito medo, acreditavam que tudo não passava de pura encenação da atônita Sacha.

Carminha olhou com muito carinho para o ar de ceticismo de alguns dos seus companheiros de viagem. Melissa, Élida e ela própria eram espíritas; Rivadávia, com seu turbante vermelho, e Sheyla, sempre envolta em mil colares, evidentemente eram espiritualistas, da umbanda; Antônio, Sacha e Fábio eram absolutamente céticos; João Moreira, Geraldo e Nair, de religião indefinida, e Mônica acreditava em qualquer coisa que pudesse assustá-la! E na relação de coisas que poderiam atemorizá-la, as "*almas penadas*" estavam em primeiro lugar! Carminha murmurou baixinho, para si mesma:

— Ah, se eles soubessem...

Capítulo IV

Solidão

Após a brusca partida do Espírito Júlio Pereira, cada um dos presentes isolou-se e entregou-se aos próprios pensamentos e aos acontecimentos anteriores à chegada à ilha. A primeira a pensar nos fatos marcantes que a envolveram e que antecederam esta viagem foi a jovem professora de teatro e danças da FEO, Melissa Shintaku. Começou a se lembrar...

Era madrugada. A velha ponte Duarte Coelho estava deserta. Ou quase! Sentada perigosamente sobre o parapeito, Melissa parece hipnotizada com a velocidade das águas do Capibaribe. Chovera muito e o grande volume d'água era assustador. Se a água continuasse a subir, com mais um metro ou dois, daria até para tocar o velho rio... Ela pensava em como a Natureza era pródiga em mostrar soluções para problemas difíceis.

Um pulo! Um simples pulo e tudo estaria resolvido. Um grande e eterno mergulho no nada, no esquecimento total... Afinal, para que viver? Por que viver? Em busca de quê? Esperar o que de sua inútil vida? Só perguntas sem respostas. Assim tinha sido a sua vida até então. Uma enorme e persistente interrogação...

Após olhar em volta e perceber que, como sempre, estava sozinha, Melissa deu um suspiro, levantou-se e preparou-se para saltar, não sem antes gritar, como se desejasse que o vento levasse suas últimas palavras de protesto contra o mundo que não a entendeu nem a aceitou:

— Adeus! Adeus, mundo mau!

Um segundo antes de precipitar-se ao encontro do rio que a esperava e que serpenteava de forma vertiginosa, ouviu uma voz que a surpreendeu.

— Pelo menos morra sozinha! Melissa voltou a segurar-se no parapeito e, olhando para sua direita, ficou boquiaberta com a presença de um menino de aproximadamente 9 ou 10 anos. Como e de onde ele surgira? — perguntou-se mentalmente. E em voz alta indagou.

— Como é? Não entendi...

— Eu disse que se você quer morrer, pelo menos que morra sozinha...

— Lógico! Além do mais, além de ser um problema meu, não sei por que alguém mais teria de morrer!

— É aí que você se engana. Eu poderei morrer porque não sei nadar.

— Ainda não entendi...

— Não? Você não está pensando em se atirar no rio?

— E daí? Isso é problema meu!

— Era! Agora passou a ser meu também. Caso você seja mesmo tão covarde a ponto de tentar desertar da vida, eu vou ser obrigado a pular na água para ajudá-la. E como não sei nadar, acredito que vou morrer.

— Ô, menino! Por acaso eu pedi a sua ajuda? Você é mesmo tão idiota que, mesmo sabendo que vai morrer, pois não sabe nadar, ainda assim vai pular junto comigo?

— Que tal trocar o grosseiro adjetivo idiota por solidário?

— Solidário? Não. É idiotice, é burrice mesmo! É engraçado... Passo a vida toda à procura de alguém que se preocupe comigo, que divida comigo meus anseios, meus medos, minhas alegrias, sem jamais encontrar e quando resolvo acabar com essa insensata busca, aparece um menino vindo não sei de onde e começa a me dar lição de moral. Aliás, quem lhe deu o direito de me chamar de covarde?

— Você! Tentar fugir da vida não é covardia? Sem falar que você não tem esse direito e que a sua tentativa não vai dar certo.

— Como é que é? A vida é minha, faço o que quiser com ela e, quanto a dar certo, basta pular agora e tudo está resolvido!

— Nossa! Como tem adulto que é bobo... Moça, só quem lhe deu a vida é que tem o direito de tirá-la e...

— Meus pais já morreram!

— Não estou falando dos seus pais. Eles foram apenas instrumentos da vontade do verdadeiro Senhor da Vida!

— É? E de quem estamos falando?

— Ora, moça, só poderia estar falando de Deus!

— Garoto! Deus? Esse Deus, se existir, deve estar ocupado com problemas mais importantes do que os meus. Há 29 anos que eu espero um sinal de que as coisas poderão mudar, poderão melhorar e a única coisa que me acontece é você, que, aliás, deveria estar em casa dormindo, aparecer e tentar me impedir de fazer o que preciso.

— Eu sei que solidão dói...

— Sabe? Sabe mesmo? Desculpe-me, mas eu duvido e, se soubesse, deveria me entender...

— Eu entendo a dor da solidão, porque ela chega a ser paralisante, mas não entendo a sua ilusória e ineficaz fuga.

— Menino! Até que você fala bem e bonito... Quem é você? Por acaso você tem um nome?

— Meu nome é Galileu Nascimento e o seu?

— Melissa! É um prazer... Meu Deus! Devo estar maluca... Vou me matar e ainda digo que é um prazer...

— E só por isso você é maluca? Está errada, Melissa. Você é mesmo uma maluca por desejar matar-se, mas seria bem lúcida se tentasse deixar pelo menos um amigo.

— Amigo? Galileu, você é que está errado. Cresci em um orfanato. Não tenho pais, namorado ou amigos e...

— Agora tem.

— Agora tem o quê?

— Amigo. Eu.

— Você? Mas você não passa de um garoto!

— E daí? Algo contra as crianças? Algum preconceito?

— Não! Não foi isso que eu pensei... Mas eu sou uma moça adulta e as minhas carências não serão supridas por um garoto, mesmo que seja conversador e intrometido como você.

— Se eu entendi bem, você vai suprir suas carências e sufocar as suas aspirações, enchendo os pulmões dessa água suja do Capibaribe? Com milhares de dentadas que os peixes farão no seu corpo? É assim?

— Você está querendo me assustar...

— Não. Estou tentando pôr juízo nessa sua cabeça oca!

— Eu não acredito! Um menino! Um garoto saído da noite fria da madrugada aparece para me impedir de... de...

— Que foi? Está com medo de dizer a palavra morte?

— Por sua culpa! Você está me atrapalhando...

— Melissa... Você está enganada. Eu a estou salvando e não é de morrer afogada. Você não faz ideia das consequências terríveis que os suicidas enfrentam no futuro.

— Galileu Nascimento! A morte é o fim, entendeu? Não há consequência alguma. Só o silêncio e o sono eternos. E é exatamente disso que eu preciso. Agora estou cansada e acredito que tudo que havia para ser dito entre nós já foi dito. Gostaria de ficar sozinha, para poder decidir sobre a minha vida, sem ter um fedelho a me atazanar a paciência. Fui clara?

— Não. Ainda não desisti de você, Melissa. Há quanto tempo você não chora?

— O quê? Há quanto tempo... O que tem a ver o choro com meus infortúnios?

— Muito. Se eu não estou enganado, você nem se lembra, não é?

— Mas o que isso tem a ver...

— A última vez que você chorou foi quando a diretora do orfanato e sua mãe adotiva, dona Maria Shintaku, mais conhecida por dona Tika, disse que você precisava sair do Orfanato Aristides Monteiro. Concorda?

— Acho que sim... Ela foi mesmo uma mãe de verdade para mim... Eu e Agnaldo, um colega de orfanato, adorávamos o sururu que ela preparava... Mas só foi ela. Mesmo na minha formatura, quando todos se emocionaram, senti foi raiva. Afinal eu não tinha, como aliás nunca tive, com quem dividir os acontecimentos da minha vida. E... Espere! Quem lhe disse que estive naquele orfanato?

— Isso não importa... Melissa, você precisa chorar! Extravasar seus sentimentos e parar de se sentir a maior vítima da história! Você já ajudou alguém?

— Ajudar alguém? E por que eu faria isso? Tenho 29 anos e até agora só levei rasteira da vida. E mesmo assim ainda teria de engolir meus problemas e passar a ajudar pessoas? A troco de quê?

— Você já pensou que se todo mundo agisse da mesma forma que você, a Terra seria habitada por uma população de egoístas? Todos esperando que o outro fizesse algo de bom para ele, para que ele pudesse retribuir? Você não acha que bom e grande é aquele que faz primeiro, sem nunca ter recebido nada e sem pensar em retribuição?

— Bem... Não nego que o seu raciocínio tem alguma lógica... Mas isso não resolve meu problema. Não tenho ninguém para dividir as coisas boas ou más que me acontecem. Será tão difícil entender?

— Não tem? E o que você está fazendo agora? Não é dividir?

— Agora? Dividindo... Mas você é apenas um garoto!

Mesmo sendo muito esperto... Mas é um garoto...

— E daí? Não posso ser seu namorado, por causa de minha idade, mas acredito que posso ser seu amigo. Ou não?

— Amigo? Eu nunca tive um...

— Por que será? Você é jovem, bonita, saudável, instruída e... Exageradamente seletiva! Eis aí seu problema. Seletiva! E egoísta... Acredito que você pensa assim: *"Se ninguém me dá, por que eu daria algo a alguém?"* Melissa! Falta-lhe amar!

— Galileu... Você está lendo a minha alma... Eu não estou gostando, mas é verdade. Falta-me mesmo amor. Como posso ser bonita se não encontro ninguém?

— A sua procura por amor é muito restrita. Não falei apenas do amor de um homem, de um parceiro. Falta-lhe Amor e falta-lhe amar em todos os sentidos, inclusive no aspecto religioso.

— Religião? Nem sei se acredito em Deus! Nem sei se Ele existe...

— Mas Ele acredita em você! E pode apostar que Ele torce por você! Gostaria de tirar essa dúvida?

— Claro! Mas como fazer isso? Ah, espere. Eu não posso... Tenho um encontro marcado com a morte.

— Todos temos, mas temos também a obrigação de fazer de tudo para deixar este encontro sempre para depois. Vamos fazer um acordo?

— Que tipo de acordo?

— Você vai conhecer um lugar onde o amor é amplamente exercido. Onde a gente aprende a pensar nos outros, a doar-se, a modificar-se tanto, que quando percebe, está amando as pessoas e sendo amado!

— Onde é esse lugar mágico?

— É uma Casa Espírita, o NEAM.

— O que é NEAM?

— É o Núcleo Espírita Aristides Monteiro e...

— Aristides Monteiro? Mas é o mesmo nome do...

— Orfanato onde você passou tantos anos. Mas o mais importante é a resposta que você vai me dar agora.

— Que resposta?

— Você, que deseja tanto ser amada, já amou?

— Não entendi...

— Você cruzou os braços e esperou que o amor batesse à sua porta para espantar a solidão ou de alguma forma deu amor a alguém?

— Se eu dei amor? Não sei... Talvez aos meus alunos... Mas só um pouquinho...

— Melissa. O NEAM, como muitas outras Casas Espíritas, não é um lugar perfeito, pois perfeição só em Deus. Mas lá você encontrará pessoas que decididamente se esforçam para exercitar o Amor em todos os seus graus. Pessoas que abrem mão do seu descanso, do seu lazer, para propiciar alegria aos tristes, esperança aos desesperados e fé aos descrentes, tudo em forma de Amor.

— Eu não entendo nada de Espiritismo, mas, se lá o Amor é mesmo tão palpável, o mínimo que preciso fazer é conhecer. Você me acompanha?

— Não posso. Lembre-se de que eu sou uma criança e uma hora dessas é para criança estar em casa. Concorda?

— Concordo, Galileu Nascimento, mas como eu vou chegar lá?

— Eis aqui o endereço. Chegando lá, procure dona Sílvia Valois, a presidente do NEAM. Ela é meio durona, mas justa, correta e vai orientá-la da melhor forma possível. Agora preciso ir. Adeus e obrigado por me ouvir.

— Espere, Galileu. Eu é que devo agradecer, mas ainda não entendi quem é você! Onde você mora? Quer que eu o leve? Afinal não passa de uma criança... Uma criança com pinta de anjo, caso eles existam...

— Quem sou eu? Apenas uma pessoa, um amigo que a ama. Portanto, a partir de agora, você não pode mais dizer que ninguém a ama e que não tem nem um amigo. Ah, não se esqueça de chorar, pois alivia muito as tensões... Um enorme beijo e não perca o endereço do NEAM. Adeus...

A espessa névoa da madrugada encarregou-se de envolver Galileu e, alguns segundos depois, ele desapareceu da visão de Melissa, que estava meio desnorteada, pois alguém finalmente dissera que a amava.

— Ele me ama! Galileu Nascimento é meu amigo e me ama! E uma hesitante lágrima brilhou nos olhos negros da bela e jovem professora, que não se contendo, permitiu que inúmeras outras descessem pelo seu rosto até então sempre tenso.

Galileu Nascimento ainda a acompanhou até sua casa, sem que ela o visse e só então retornou para a Colônia Reviver! Cumprira a sua missão.

Capítulo V

Faculdade Espírita de Olinda

Agora, era Carminha Cardoso quem se lembrava da festa que houve no Núcleo Espírita Aristides Monteiro — NEAM. Afinal, um velho e antigo sonho se realizava: Estava sendo ministrada a aula inaugural, proferida pelo diretor José Irineu Beltrão, da Faculdade Espírita de Olinda, a FEO, que estava sendo criada.

Depois da aula inaugural, foi aberto o I Seminário de Atualização Espírita, quando vários assuntos importantes foram abordados por José Sales, Irani Uchoa, Ana Clara, Delmiro Martinho, Edna Souza, Jaira Martins e Iêda Costa. Todos, excelentes expositores.

A penúltima exposição foi a de José Sales, que abordou o tema "Sentimento de Culpa". O expositor encerrou a sua apresentação com uma solicitação bastante estranha, principalmente em se tratando de um seminário espírita. Ele disse:

— Quero que todos os presentes façam uma relação com os nomes das pessoas que não desejam encontrar nunca mais na vida. Será individual e não será mostrada a ninguém.

— Há limites de quantos nomes devem compor a nossa lista? — indagou Sueli Lima, a nova bibliotecária da FEO.

— Não, pois é impossível fazer uma média de quantas pessoas indesejáveis cada um de nós é obrigado a suportar.

Gilvanete, uma pintora famosa, conhecida pela sua coragem nos trabalhos desobsessivos, em relação aos desencarnados mais agressivos, ainda questionou José Sales sobre aquela estranha relação de indesejáveis, que, a princípio, parecia contrariar a essência dos ensinamentos espíritas. José Sales tentou explicar, mas não foi muito convincente.

— Há muitas pessoas com as quais, por mais que tentemos, não conseguimos, pelo menos inicialmente, uma reconciliação, aparar as arestas ou viver mais ou menos em paz. Eis por que há situações em que o recomendado é manter uma "distância de segurança" dessas pessoas, sob pena de nos prejudicarmos e até mesmo a elas!

— Mas isso não seria uma omissão? Ou uma fuga de problemas que deveriam ser encarados para serem resolvidos? — perguntou Nestor, esposo de Gilvanete.

— O senhor não é obrigado a fazer a sua lista. E caso não concorde, não faça — respondeu de forma meio grosseira José Sales, surpreendendo todos que o conheciam como uma pessoa sempre centrada, serena e amável.

Quando todos terminaram suas listas com os nomes

de quem nunca mais desejavam encontrar, José Sales determinou que as guardassem e encerrou a palestra, pois estava na hora de um intervalo para o lanche.

Após o intervalo e antes de ser iniciada a nova palestra, Carminha, que era uma das participantes do Seminário, notou que a sua lista havia sumido. Lembrava que a deixara sobre a cadeira. Ou alguém pegara ou podia até mesmo ter caído... Resolveu deixar para lá. Afinal, fizera a lista como uma brincadeira, tanto é que o título que pusera foi "A Lista dos que Devem Sumir"...

Não teve muito tempo para pensar no sumiço da sua lista porque foi anunciada a presença de Edna Souza, renomada psicóloga e expositora espírita, que assim encerraria o Seminário:

> — Meus queridos Irmãos! Embora muitos insistam em afirmar que a mediunidade é dívida, baseando-se em uma afirmação de Emmanuel, e essa afirmação precisa ser mais bem interpretada —, na realidade, é, antes de tudo, um sério compromisso que nós assumimos conscientemente antes de retornar à carne, seja por sugestão da Espiritualidade Superior ou por iniciativa nossa.
>
> A mediunidade é um instrumento utilíssimo para nossa evolução e uma oportunidade de reparação de um mais que provável passado de erros. Recusá-la quando já estamos aqui é fugir da responsabilidade, do compromisso, que assumimos no Mundo Espiritual, em detrimento de nós mesmos.

O Espiritismo está conosco há cento e cinquenta anos e, ainda hoje, a prática mediúnica claudica, em muitas Casas Espíritas. Não são raros os casos em que, logo na primeira visita, a pessoa é encaminhada ao desenvolvimento da sua mediunidade, mesmo não tendo nenhuma noção sobre como se processa o intercâmbio com os Espíritos.

O resultado disso, inúmeras vezes, é desastroso: pessoas ficam apavoradas e com ideias erradas sobre o contato entre os homens e os desencarnados. E essa mentalidade é cultivada entre nós, basicamente, pelo pouco ou nenhum estudo doutrinário, sobretudo das Obras Básicas.

Sabemos que o fenômeno mediúnico é um bom meio de atração para os que ainda não conhecem o Espiritismo, mas não se pode inverter a escala de valores das coisas. O estudo, a divulgação da Doutrina Espírita e a Reforma íntima, fundamentais para a vida futura do Espírito imortal, devem ser as principais preocupações dos espíritas, principalmente dos dirigentes.

Milhares de pessoas batem às portas dos Centros Espíritas, apresentando sintomas de mediunidade, desejando ser assistidas, a fim de se livrarem do desequilíbrio. Grande parte dos médiuns principiantes quer desenvolver a mediunidade, mesmo desconhecendo completamente o que isso significa, pois acreditam que unicamente na sessão mediúnica desenvolverão sua mediunidade, seus obsessores serão doutrinados e alcançarão automaticamente o equilíbrio, a paz e a saúde. Em outras palavras, querem a conquista mágica e fácil, por meio do simples fenômeno mediúnico!

Grupos Espíritas sem conhecimento mais aprofun-

dado do Espiritismo, ansiosos em aumentar o número de trabalhadores da Casa, encaminham pessoas para a prática mediúnica, tão somente porque demonstram possuir mediunidade.

Quando alertados, muitos dirigentes afirmam estar fazendo um ato de caridade, quando na verdade poderão promover uma tremenda desorganização psíquica, forçando o desenvolvimento mediúnico em pessoas despreparadas.

E o erro torna-se muito mais grave, porque a pressa com o fenômeno mediúnico torna o fenômeno mais importante que o próprio Espiritismo. É o resultado infeliz da soma do despreparo dos dirigentes, com a persistente má vontade dos médiuns em estudar Espiritismo.

Repetimos: O estudo continuado, a divulgação incessante da Doutrina Espírita — principalmente pelo exemplo — e a indispensável e indelegável reforma íntima, absolutamente fundamentais para a vida futura do Espírito imortal, devem ser sempre as principais preocupações dos espíritas, principalmente dos seus dirigentes. Assim seja! ”

Edna Souza estava muito emocionada ao encerrar, pois sentia que conseguira tocar em corações pouco sensíveis... Gilvana Maria, organizadora do Seminário, solicitou que Ana Maria fizesse a prece de encerramento.

Após a oração final, Carminha esperou que todos saíssem do salão de palestra, para ver se ainda encontrava sua lista. Inútil. Aparentemente ela evaporara.

Chateada, mas não preocupada, até porque não imaginava as consequências que adviriam do seu desaparecimento, ela foi para casa e decidiu esquecer aquele pequeno incidente. Mas lá chegando, não conseguiu dormir logo, pensando onde estaria sua lista.

Agora, após reler o convite para participar do Seminário em Fernado de Noronha, ela olhou ao redor. Seria muita coincidência... As pessoas a bordo... Quase todas estavam na sua lista! Olhou para Fábio Cadengue, chefe de segurança do *campus* da Faculdade Espírita de Olinda, que adorava histórias de mistérios, de enigmas e que, quando surgia uma oportunidade, tentava pôr em prática seus talentos detivescos. Lembrou-se também de quando o procurou por conta da sua desaparecida lista.

— Fábio, tem um minuto?

— Claro, professora! Pode falar...

— Aqui não! Lá fora...

— Lá fora? O que está havendo, Carminha?

— É uma história meio longa...

— Aí vai ficar difícil, pois estou indo para longe... Caruaru...

— Caruaru? Então você me dá uma carona, eu vou relatando o meu probleminha e no Shopping Tacaruna eu desço.

— Como eu vou passar pelo shopping... Está bem, entre.

Após acomodar-se, Carminha iniciou seu relato.

— Houve um Seminário no NEAM e um dos assuntos girou em torno do sentimento de culpa. Em dado momento, José Sales, o expositor, mandou que cada participante do Seminário escrevesse uma lista com os nomes das pessoas que o participante gostaria de se ver livre para sempre.

— E o que ele queria dizer com *se ver livre para sempre*? Livre, queria dizer morto?

— Não, Fábio. Lembre-se de que era um Seminário Espírita. Coisa séria... Livre queria dizer não precisar encontrar nunca mais.

— A "lista dos indesejáveis" deveria ser de quantas pessoas?

— "Indesejáveis"? Nossa, Fábio, que nome horroroso! Não, não havia nada estipulado. Cada um era livre para fazer como e com quantos nomes quisesse. Evidentemente que, como se tratava de uma brincadeira, cada um colocou um título na sua lista e o que eu coloquei na minha foi: "A Lista dos que Devem Sumir"!

— Sumir?

— Foi. Mas eu já disse que tudo era em tom de brincadeira, até porque você me conhece o suficiente para saber que eu não desejo a morte de ninguém! E quando digo ninguém, é ninguém mesmo!

— E o que aconteceu?

— Na hora do intervalo, quando todos saíram do auditório para fazer um lanche, alguém pegou a minha lista.

— E era assim tão importante para você?

— Não... Mas tornou-se depois.

— Não estou entendendo...

— No transcorrer da palestra, o expositor, brincando, disse que se fosse ao cinema, algum "Anjo da Morte" iria livrar a todos, dos seus indesejáveis companheiros, e isso aconteceria porque em uma análise imparcial, mesmo que não confesse, todo mundo tem uma lista mental, de pessoas que desejaria nunca ter conhecido ou nunca mais tornar a encontrar.

— É... Há certa verdade nisso...

— Fábio...

— Fale, minha amiga!

— Os dois primeiros nomes que estavam na minha lista... Na "Lista dos que Devem Sumir"... Morreram!

— Morreram? Epa! Eu quero ser seu amigo! Tem mesmo certeza de que morreram?

— Tenho... Alguém remeteu para mim uma cópia da minha lista, com os dois nomes riscados! E tinha uma assinatura...

— Assinatura? O assassino assinou? Qual era o nome?

— Anjo da Morte!

Silêncio. Um silêncio apenas quebrado pela respiração pesada de Carminha e pelo seu esforço em conter as lágrimas. Fábio perguntou baixinho:

— Quantos e quais são os outros nomes da sua lista?

— Oito... Incluindo os dois que morreram! Você quer saber quais são os outros?

— Claro!

— Agora? — hesitou Carminha.

— Por que não? Vamos, Carminha!

— O primeiro a ser assassinado foi Osvaldo; a segunda morte foi de uma antiga amiga minha, Aparecida Gomes, a Cida, psicóloga famosa, com doutorado na Alemanha; o terceiro nome da lista é João Moreira, síndico do meu prédio; o quarto nome é o de Melissa, outra amiga minha...

— Amiga? É costume desejar a morte dos amigos?

Carminha fuzilou Fábio com os olhos e continuou.

— O Osvaldo andou dizendo que eu gostava muito de aparecer só porque eu era espírita e professora da FEO. E Aparecida, a Cida, espalhou que eu ia às aulas dela sobre Colônias Espirituais apenas para dormir!

— João Moreira já está explicado, porque é difícil a gente encontrar um síndico legal! Mas e Melissa?

— Você continua brincando! Um pouco antes de ir para o Seminário eu e Melissa tivemos uma discussão feia, pois ela cortou meu nome da relação de testes para dançarina do NEAM. Mas...

— E os outros felizardos? — tentou brincar Fábio.

— A secretária Sacha, a cozinheira Élida e...

— Calma... Quem é mesmo João Moreira?

— Como falei, ele é síndico do prédio onde eu moro... Tivemos uma discussão no dia do Seminário e aí...

— E aí ele se candidatou a morrer? E a secretária? Por que você deseja matá-la?

— Sacha? Eu não quero matá-la! Nem ao João Moreira. Foi uma brincadeira... Ela disse na minha cara que mesmo sendo secretária da FEO, não acreditava em Espíritos e que achava que eu fingia conversar com eles!

— E ela estava errada?

— Fábio! Você não é obrigado a acreditar, mas pelo menos respeite a crença alheia!

— É... Desculpe-me. As almas são suas, portanto faça o que quiser com elas. E a cozinheira?

— Élida? Ela brinca demais com coisa séria. É espírita, lê muito, mas sempre que tento conversar com ela sobre Espiritismo, diz para eu não perder tempo com ela.

— Então deve morrer?

— Não! Eu não desejo a morte de ninguém e fiz aquilo em um momento de estresse e mais por brincadeira...

— Bem, e os dois últimos?

— O penúltimo nome é o do delegado Antônio e o último...

— Antônio? Antônio Heber? Nosso glorioso e simpático delegado? Antônio... eu também colocaria na minha lista. Só que seria o primeiro nome... E o último nome?

— O último? O último nome?

— Sim!

— Quer mesmo saber?

— Claro! Vamos, diga de uma vez! Por que tanto protocolo?

— Protocolo? Não... Estou é envergonhada. O último nome... Você não imagina?

— Não. Diga de uma vez!

— É o seu!

— O meu? E o que eu fiz de tão grave para você querer "sumir" comigo? — gracejou Fábio.

— Nada... Foi por que houve uma ocasião em que eu lhe pedi para me levar ao teatro, onde seria encenada a peça espírita **Lágrimas de um Louco**, e você se negou.

— Eu lembro. Mas não tinha nem tenho nada a ver com Espiritismo! O fato de eu ser o responsável pela segurança da FEO não faz de mim um espírita e nem quero! Assim, o que eu iria fazer em um teatro que estava apresentando uma peça espírita?

— Eu sei. Aliás, pouco tempo depois compreendi a sua atitude, mas o Seminário foi logo em seguida à sua recusa em me levar. Eu estava com raiva e agora, só fico pensando se o Anjo da Morte resolver completar a lista!

— Calma, Carminha. Nós vamos trabalhar nisso, está certo?

— Sério? Posso mesmo confiar?

— Duvida?

— Não...

Na tentativa de descontrair a amiga, Fábio ainda brincou.

— Diga-me uma coisa... Se fosse mesmo verdade... Se fosse possível... Você não vive de bate-papo, de trololó com os Espíritos? Então, peça ajuda a eles! Mas sugiro que faça isso depois que o Anjo da Morte pegar o Antônio!

— Fábio! Não brinque com coisa séria!

— Estou indo. Boa noite, querida autora intelectual da minha morte!

— Fábio!

Ele já não ouvia. Acelerou e gritou:

— Duvida?

A partir daí, o seu "duvida?" começar a ficar conhecido na Faculdade. Como ele não perdia uma chance de exercitar seu *hobby* investigativo, logo se tornou o alvo predileto das brincadeiras dos colegas, professores, dos seus comandados e até da direção da Faculdade.

O interessante é que todos sabiam que as suas colocações e descobertas eram simples e que todos deveriam ter pensado nelas. Depois de algum tempo, ele se habituou a concluir a solução dos problemas que surgiam, com o já famoso "duvida?".

Alguns colegas que invejavam a sua perspicácia faziam-se sempre a mesma pergunta: se eram mesmo tão simples, por que eles não chegavam àquelas mesmas conclusões?

Só havia uma pessoa que lhe era solidária e nunca o menosprezava: Carminha, a competente professora da cadeira de Esclarecimento Doutrinário. Mas havia um problema que os mantinha bem longe um do outro: os Espíritos!

Espíritos era algo que Fábio nem sequer admitia em hipótese, que existissem! Mas, a despeito da sua absoluta descrença na existência de algo mais, além da vida material, havia realmente um bom relacionamento entre ambos. Poder-se-ia até dizer que ele e Carminha eram amigos, mas cada um na sua.

Certa vez, irritada com a forma como tratavam Fábio na Faculdade, ela cobrou dele uma atitude mais firme, à altura daqueles piadistas de plantão! Fábio sorriu e contou uma historinha.

"Jorge do Correio acompanhava seu tio Cid Cavalcanti ao NEAM. Chegando lá, Cid cumprimentou amavelmente Fabiana Cláudia, a recepcionista, desejando-lhe boa noite.

Ela não respondeu. Ele então indagou se ainda havia algum exemplar do jornalzinho Espelho Espírita que o NEAM editava. Como resposta, teve que exercitar um verdadeiro malabarismo, para tentar pegar o jornalzinho que foi atirado em sua direção, de forma rude e grosseira pela mal-humorada Fabiana.

Cid sorriu polidamente e desejou um bom fim de semana à Fabiana, que mais uma vez não respondeu. Quando os dois desciam pela rua, Jorge perguntou:

— Tio Cid, a mal-educada daquela Fabiana sempre o trata com tanta grosseria?

— Sim, infelizmente foi sempre assim... Dizem que...

— E você é sempre tão polido e amigável com ela?

— Sim, procuro ser.

— Mas por que você é tão educado, se ela é tão grosseira?

— Simples. Porque não quero que ela decida como eu devo ser ou agir."

Carminha olhou surpresa para ele e lhe disse:

— Assim, Fábio, eu vou achar que você é santo!

— Não. Apenas sou meu dono e não estou à mercê do mau humor, da impaciência e da raiva dos outros, para estragar o meu dia.

— Só mesmo alguém como você! Independente e solitário!

— Independente? Talvez... Solitário? Impossível! Eu estou sempre comigo mesmo...

— Você é a sua companhia? E é suficiente? — indagou a amiga.

— Duvida?

Capítulo VI

Firma reconhecida

O Hades continuava encarando com valentia o Atlântico e agora, era Fábio quem relembrava alguns acontecimentos anteriores ao embarque, como quando houve um crime no *campus* e ele se dirigiu à Delegacia para registrar a ocorrência.

Foi quando conheceu o irascível e truculento delegado Antônio Heber. Ao tentar dar algumas sugestões, o que ele mais ouviu foi um monte de piadas do delegado. Ouviu também as risadas sem graça de César Aboud, braço direito de Antônio, que ria até por antecipação ao que o seu chefe diria, sempre procurando agradar. Concluindo que nunca seria levado a sério, Fábio foi embora. Na semana seguinte, após uma licença que tirara para fazer um curso de segurança, ao voltar ao trabalho na FEO, encontrou a professora Carminha.

— Olá, Carminha! Alguma novidade?

Ela olhou para todos os lados, para confirmar se

estavam sós. Quando se sentiu segura, respondeu.

— Tenho... Duas!

— Duas? Qual a primeira?

— O ladrão de carros do *campus* foi preso e sabe o melhor?

— Não...

— O delegado só conseguiu graças às pistas que você sugeriu.

— Que bom que ele conseguiu... E a outra novidade?

— Lembra-se de Melissa?

— Melissa? Não tenho a menor ideia! Eu deveria lembrar?

— Se tivesse dado importância ao meu problema, deveria lembrar-se sim! Melissa é o quarto nome da minha lista!

— Lista? De convidados? Você vai dar alguma festa?

Carminha olhou para o amigo, quase sem acreditar. Esquecer Melissa até que dava para aceitar, mesmo que todos soubessem que ela era a professora titular de dança e teatro da FEO. Agora, esquecer que ele também estava sendo ameaçado era dose para elefante! — respirou fundo e armou-se de paciência.

— A lista dos que deveriam sumir do mapa! A lista de oito nomes, dois dos quais já foram eliminados por alguém que se intitula Anjo da Morte! A relação, cujo último nome é o de alguém chamado Fábio! Lembrou agora?

— Ah, por que não disse logo? Não é que eu tenha-me esquecido. Na realidade, como eu não podia, naquele momento, dar ao caso a devida atenção, resolvi não arquivá-lo na minha mente. Agora já posso pensar no problema.

— Mas...

— Você está com tempo agora? Antes de qualquer outra coisa, por que você não procura a polícia? — perguntou Fábio.

— Sabe onde iria cair a investigação? Nas mãos do incompetente delegado Antônio. Não. Se você aceitar, trabalhamos por fora e, quando tivermos algo de concreto, chamamos a polícia. Veja esta relação.

Carminha passou às suas mãos a relação de todos os participantes do Seminário. Eram cem pessoas e o "Anjo da Morte" devia estar entre elas.

— O que é isso? quis saber Fábio, ao ver a extensa lista de nomes.

— São todos os que participaram do seminário.

— Que seminário?

— Do NEAM!

— NEAM? O que é NEAM?

— O Núcleo que fundou a FEO!

— O que é FEO?

— Faculdade Espírita de Olinda e... você deve estar brincando!

— Estou! É para você relaxar um pouco.

De posse da relação das pessoas presentes ao fatídico seminário, Fábio foi ao lugar onde fora realizado o evento: o Núcleo Espírita Aristides Monteiro — NEAM, local ondc cla trabalhava.

— Todos que participaram são espíritas? Ou um

leigo poderia participar?

— Em princípio, eu diria que são... Mas quando abrimos as nossas Casas, em qualquer que seja a atividade de caráter público, nós não perguntamos a religião de ninguém e todos que desejarem podem participar.

— Inclusive do seminário?

— Inclusive.

— Até mesmo alguém como eu?

— O que tem você de diferente?

— Não acredito em nada e neles, muito menos!

— Neles? Neles quem?

— Quem poderia ser? Nos Espíritos! E quem quiser me convencer vai ter que rebolar muito.

— Quem sabe se você não muda de ideia?

— É, pode até ser. Mas, para isso acontecer, seria necessário que antes eu prendesse o Anjo da Morte, pois, caso contrário, ele vai sumir comigo do mapa! E para atender ao pedido de uma amiga que gosta muito de mim!

— Fábio!

Finalmente chegaram. Carminha apresentou Fábio à Presidente do NEAM, Sílvia Valois. Ele ficou surpreso. Esperava encontrar um ambiente triste, fechado, na penumbra, as pessoas com caras de zangadas para ostentar seriedade e aquele clima de velório, de cemitério. Mas ali era bem diferente... O ambiente era de alegria, de paz. Enquanto Carminha conversava com Sílvia, ele deu uma volta pela Casa. Achou tudo estranhamente normal. Não era aquilo que esperava...

Algum tempo depois, Carminha retornou. Com

a ajuda de Sílvia, ela atendeu ao pedido de Fábio de retirar da relação, os frequentadores conhecidos por todos. Sobraram apenas dois nomes de pessoas estranhas, que ninguém conhecia: Sheyla Akemi e Gilcélia Feliciano. Fábio tinha algo para começar. Carminha convidou-o para assistir a uma palestra. Depois de muito relutar, Fábio resolveu aceitar.

A palestra seria proferida por Cleny da Graça Aguiar. O assunto seria **Firma Reconhecida no Além**. Depois que Paula Azevedo, a dirigente da noite, solicitou que Kátia Cavalcanti fizesse a prece inicial e apresentou Cleny da Graça, esta começou:

“— Dá para você perguntar aos Espíritos sobre meu problema? Imaginam os que desconhecem o Espiritismo, que os Centros Espíritas são verdadeiros Consultórios do Além. Mas exatamente por desconheceram é que essas atitudes são desculpáveis nas pessoas que não são espíritas. Afinal, elas não sabem que os Espíritos são exatamente iguais ao que eram quando encarnados e que a morte não santifica ninguém. Eles levam consigo para o Mundo Espiritual, todas as suas conquistas morais e intelectuais, bem como os vícios e defeitos de que ainda não conseguiram se libertar.

Este fato, por si só, indica que os Espíritos se apresentam de acordo com a moral e capacidade intelectual que possuem. Eles não estão aqui para satisfazer nossas curiosidades ou resolver problemas materiais. Aconselham, sugerem, mas evitam fornecer informações de cunho material. Somente respondem a estas questões, os Espíritos ignorantes, brincalhões etc.

Mas e quando se trata de espíritas? Aí é indesculpável! Se quiserem transformar as reuniões mediúnicas consultas, como aos antigos oráculos, estarão assinando, com firma reconhecida pelo Além, um atestado de ignorância sobre a nossa maravilhosa Doutrina dos Espíritos!

E a coisa se complica ainda mais quando o médium espírita (sabemos que existem médiuns não espíritas) usa a sua faculdade mediúnica, para projetar-se no meio que frequenta ou, pasmem, para ganhar dinheiro! Os que assim agem não são espíritas e fazem-no por ignorância ou por terem invertido a sua escala de valores.

Será que tais "mercadores fluídicos" sabem que os médiuns são pessoas comuns, apenas dotados da faculdade de intercâmbio com o Mundo Espiritual? Que a sua mediunidade é uma ferramenta de trabalho para o bem da coletividade? E que, na maioria dos casos, sua faculdade é dádiva divina para lhe proporcionar agilizar o resgate das suas dívidas morais e/ou espirituais, registradas na contabilidade divina? Ou esqueceram ou não sabem do "orai e vigiai?".

Há pessoas que procuram na religião a satisfação puramente material. Procuram o Centro Espírita, movidas pelo único desejo de obter benefícios imediatos, como curas, enriquecimento sem esforço, conquistas amorosas, passar no vestibular, conseguir um emprego, anular um inimigo etc. E algumas seitas religiosas pregam isso abertamente, convidando os que querem deixar para trás a infelicidade, o fracasso, a se unirem a elas, desde que estejam dispostos a pagar! Chegam até a benzer os depósitos bancários feitos em nome delas!

Mas nós sabemos que a finalidade maior do Espiritismo não é organizar a vida material das pessoas. Ora, se sabemos que os Espíritos superiores não são serviçais à nossa disposição para nossos interesses mundanos, então o que procurar no Espiritismo?

É comum ao homem, o desejo de se ver livre das dores, angústias e dificuldades. É comum procurarem meios mais ou menos mágicos para resolver seus problemas. No Espiritismo não poderia ser diferente. Quase sempre aqueles que se decepcionam com a Doutrina Espírita e a abandonam são os que queriam soluções mágicas, rápidas e sem muito trabalho!

Muitas vezes a dor, o difícil problema, é o chamamento para uma nova postura. O fato de sermos espíritas e/ou médiuns não nos dá privilégios, e sim responsabilidades. Não ofereçamos aos que nos procuram em nossa Casa Espírita, o que o Espiritismo não pode nem tem para dar!

Precisamos divulgar, com todas as letras, que os Espíritos não fazem pelo homem, aquilo que ao homem compete fazer. Precisamos conscientizar a todos, que nós somos os construtores dos nossos destinos!

Assim, sejamos bons engenheiros e tenhamos a coragem de assumir a responsabilidade pela nossa boa ou má construção. Reforcemos os alicerces morais das nossas obras, para termos certeza de que os vendavais de vaidade, os ciclones de inveja, os furacões de exibicionismos pessoais, os tufões de orgulho e os terremotos de egoísmo não irão abalar as estruturas de um espírita que tenha como pilares fundamentais o amor, a caridade e o perdão. Assim seja! ”

Paula Azevedo reassumiu a direção, solicitou que Evânia Fernandes fizesse a prece final e os trabalhos foram encerrados.

— E então? O que achou?

— Sei lá, Carminha... É complicado... Não... É até fácil de entender, mas contraria ensinamentos tão antigos, muitos até esquecidos na longa noite dos tempos...

— Eu entendo, Fábio, pois aconteceu o mesmo comigo. Eu era evangélica, mas não concordei com algumas colocações feitas pelo meu pastor Carlos Alberto e comecei a tentar interpretar a Bíblia de outra forma. Foi quando conheci Cassiana Domingos, e ela me convidou para conhecer o NEAM.

— E você de cara deixou de ser protestante para ser espírita?

— Não! Assisti a uma palestra muito elucidativa, proferida pela Melissa, palestrante excelente, muito parecida com a que ouvimos agora.

— Melissa? A dançarina? A que você deseja ver morta? Encontrei-a algumas vezes... Nunca ouvi palestra dela, mas com a voz que ela tem, a pose, a classe...

— Não quero vê-la morta! Ela é administradora de empresas e coreógrafa e hum... Quanto entusiasmo! Ela é mesmo isso tudo?

— Duvida?

— Não... Mas posso perguntar uma coisa?

— Claro!

— Nunca vi você falar de alguém com tanto entusiasmo... Será que a minha amiga Melissa deu uma balançada nesse celibatário coração de gelo?

— Hein? O quê? Não entendi...

— Não entendeu? E por que está tão vermelho?

— Carminha! Você é uma espírita muito fofoqueira! Vai dar uma de cupido?

— Duvida?".

— Duvida? Se eu duvido? Carminha, você está se apropriando do meu "duvida?".

— Eu não duvido nem que você termine sendo espírita e...

— Vira essa boca prá lá!

— Não se acha com pinta de espírita? Que é isso, Fábio? Vai se fazer de surdo, quando chegar o irrecusável chamado?

— Vou! Adeus! Agora, que a palestrante é uma gata, não há como negar!

Capítulo VII

Na tenda

De posse do endereço que os suspeitos haviam deixado na ficha de inscrição do seminário, Fábio resolveu checar o endereço deixado por Gilcélia. Uma surpresa o aguardava. Era um Terreiro de Umbanda! Havia uma enorme tabuleta com um título: Tenda Pai Rivadávia de Olinda!

Fábio não estava gostando. Primeiro fora parar no NEAM e agora em uma Tenda de Umbanda, Candomblé, Macumba, Quimbanda ou qualquer outra coisa, pois ele não entendia nada de religiões espiritualistas. Aliás, nem mesmo de Espiritismo. Sabia que eram diferentes, mas não sabia qual a diferença. Na realidade, não tinha o menor interesse em aprofundar-se em qualquer religião. Desejava mesmo era descobrir quem era o Anjo da Morte, avisar à polícia e caso encerrado.

Pegou o endereço de Sheyla Akemi. Praça da Bíblia, 345 — Bairro de Casa Caiada — Olinda. Fábio ficou tranquilo, pois conhecia bem o lugar e sabia que lá não haveria Terreiros nem Centros Espíritas!

Postou-se à espreita e, não demorou muito, viu alguém sair. Era uma moça. Parecia alegre e o seu jeito nissei a deixava muito simpática. Ela era baixinha e só por isso já contou com a simpatia de Fábio, que também não era lá tão alto...

Ela entrou em um carro antigo, enorme e que deixava apenas a sua cabeça visível. *Ela deveria dirigir um bem pequenino*... Pensou. *Seria a tal de Sheyla Akemi?*. Resolveu segui-la.

Tinha que ficar atento, pois a moça que presumia ser Sheyla poderia parar a qualquer momento... E... Surpresa! E não muito agradável... Ela parou e desceu em frente ao Terreiro do tal Pai Rivadávia!

Fábio respirou fundo, encheu-se de coragem, mentalmente lamentou não ter aprendido a rezar, cruzou os dedos e entrou. Quando encontrou uma senhora que pelas roupas esquisitas deveria fazer parte do Terreiro, perguntou se Sheyla e Gilcélia já haviam chegado.

A simpática jovem, que se apresentou como Emanuelle Santana, desfez todas as dúvidas de Fábio, ao mostrar as pessoas pelas quais ele perguntara. Sheyla Akemi era mesmo a moça que ele seguira.

— Quer que eu vá chamá-las?

— Não... Agora não. Depois dos trabalhos eu as procuro. Obrigado.

— É a primeira vez que o senhor nos visita? — indagou Emanuelle.

— É...

— Fique à vontade e... Veja! Ali vai o Pai Rivadávia.

Fábio observou que Rivadávia andava com um porte que lembrava um esperto advogado criminalista. Ele irradiava firmeza, a despeito de, aparentemente, sentir alguma tristeza muito íntima...

— Gostaria de conhecer Pai Rivadávia? — Emanuelle perguntou.

— Não... Hoje não...

— Olhe, eu preciso ir cumprir com as minhas obrigações. Há algo mais que eu possa fazer pelo senhor? Alguma pergunta?

— Não... Aliás, eu tenho uma pergunta. Isso aqui é que tipo de centro espírita?

A bela jovem olhou-o entre divertida e surpresa, antes de responder:

— Na realidade, aqui não é o que normalmente chamam de centro espírita... Nós estamos em uma Tenda, um Terreiro de Umbanda — respondeu Emanuelle.

— E não é tudo a mesma coisa? umbanda, candomblé, NEAM...

— NEAM? Não conheço...

— NEAM quer dizer Núcleo Espírita Aristides Monteiro, que fundou a FEO.

— FEO? Eu deveria conhecer?

— Faculdade Espírita de Olinda.

— Ouvi algo a respeito... É nova, não é? Bem, eu acredito que o NEAM seja uma casa kardecista. Aqui é um Terreiro de Umbanda. E, pelo que sei, Umbanda não é espírita, é espiritualista! E Candomblé não é a mesma coisa de Umbanda.

— E qual é a melhor? Umbanda ou NEAM? — indagou Fábio.

— Melhor? Melhor é aquela onde o trabalhador se sentir bem. Tanto lá como aqui, todos se esforçam para fazer o Bem. Eu não sou a pessoa mais indicada para falar da filosofia de cada religião ou Casa, mas posso adiantar que lá eles estudam muito e, aqui, nós somos mais ligados nas forças da natureza. Caso queira saber mais, só conversando com o Pai Rivadávia.

— Se for o caso, eu volto aqui e o procuro. Você foi muito gentil.

— Está bem. Obrigada e fique à vontade.

Fábio aproveitou para conhecer melhor o ambiente. Era muito diferente do NEAM... Havia muitas imagens, algumas bem estranhas, as pessoas usavam roupas brancas e era mais barulhento do que no NEAM. De repente julgou ver alguém conhecido. Aproximou-se para ver melhor e tentar se lembrar de onde a conhecia.

Tratava-se de Adriana, funcionária da prefeitura de Olinda! E André Montenegro, o segurança do prédio onde funcionava a Secretaria de Turismo de Olinda. Será que eles se lembravam dele? Aproximou-se e ouviu quando André disse:

— Adriana, você é um bom cavalo!

Fábio ficou indignado e sentiu-se na obrigação de interferir.

— Que é isso, rapaz? Onde está o respeito?

— Respeito? Como assim? O senhor... Mas é o

Fábio Cadengue, da FEO!

— Sou! E você é alguém muito grosseiro que está ofendendo a senhora Adriana, chamando-a de cavalo! Peça desculpas.

— Seu Fábio! Só agora o reconheci. Como vai? — era Adriana.

— Bem. Não saia daqui. Pelo menos até o André lhe pedir desculpas.

— Desculpas? Por que ele me pediria desculpas?

— Ele a chamou de cavalo! É uma inaceitável grosseria!

Eles riram com espontaneidade e André explicou o porquê do "cavalo".

— Amigo, "cavalo" significa na Umbanda, o mesmo que médium na Casa Kardecista! Não houve ofensa, até porque somos casados.

— Casados? Puxa! Que fora! Desculpem... Mas o que é um médium? — perguntou Fábio.

— Aquele que serve de intermediário entre os dois mundos.

— Dois mundos? Que dois mundos?

— Físico e espiritual! Entre homens e Espíritos!

— Nossa! Até vocês?

— Até nós o quê? — preocupou-se Adriana.

— Mexendo com almas! Acham pouco?

Os dois não responderam. Entendiam a sua perplexidade. Era comum, quem não entendia, ficar surpreso de como alguém, voluntariamente se envolvia com "as coisas do outro mundo". Fábio retomou a palavra.

— Eu gostaria que vocês me ajudassem...

— É só dizer — prontificou-se André.

— Eu queria algumas informações sobre duas colegas de vocês. Elas se chamam Sheyla Akemi e Gilcélia Feliciano.

— Por quê? O que elas fizeram? — perguntou Adriana.

— Bem... Houve duas mortes, envolvendo pessoas que estiveram em um determinado Seminário de uma Casa Espírita, e parece que elas duas estiveram lá. Estou investigando todo mundo que esteve no seminário e não apenas elas...

— Em uma casa kardecista? Tem certeza? A Gilcélia, eu até entendo, porque muitos de nós participamos de seminários e congressos quando o assunto a ser estudado nos interessa. Agora a Sheyla Akemi...

— O que tem a Sheyla Akemi?

— Não consigo imaginar a Sheyla Akemi em uma casa kardecista... Ela lê bastante, mas ainda é muito radical e tem sido advertido pelo Pai Rivadávia exatamente sobre sua postura inflexível e preconceituosa. Por outro lado, também não dá para imaginar a Sheyla envolvida com mortes...

— Mas...

— Outra coisa. Agora o senhor vai ter que falar com Pai Rivadávia. O assunto é muito sério e ele não vai gostar de saber que estivemos conversando e ele não tomou conhecimento. Principalmente porque as duas privam da amizade pessoal dele e têm funções destacadas no terreiro.

— Funções? Quais?

— Gilcélia é uma filha de santo bem antiga e Sheyla Akemi é a tesoureira da Tenda, além disso...

— Boa noite! Era o Pai Rivadávia. Com um simples olhar, ele dispensou Adriana e André e voltou-se para Fábio, repetindo:

— Boa noite!

Depois de olhar bastante para o enorme turbante vermelho que envolvia a cabeça de Rivadávia, meio à moda indiana e com uma pedra verde no centro, Fábio recuperou-se e respondeu.

— Boa... Pai... Doutor... Seu Rivadávia!

Rivadávia de Olinda riu baixinho, com o embaraço de Fábio, que não sabia como chamá-lo. Se pai, doutor, senhor...

— Pode me chamar apenas de Rivadávia... Acredito que você esteja querendo conversar comigo sobre algumas das minhas filhas. Estou à sua disposição, mas antes, diga-me o dia, o mês do seu nascimento e o nome.

— Para quê?

— Para saber com quem estou tratando.

— Está bem... Fábio! Meu nome é Fábio e sou de 28 de maio...

— 28 de maio... Hum... Yabamiah!

— Yabamiah? O que é Yabamiah?

— É o seu anjo protetor.

— É? Eu tenho um? E o que ele tem feito por mim?

Fábio tentava gracejar para esconder um pouco a

sua preocupação e receio.

— Quem nasce sob a influência deste anjo passará sempre uma ideia contagiante de otimismo em muitos setores de sua vida, como os lados sentimental, social e profissional. É um pouco reservado, às vezes introspectivo e adora conversar. Sua inabalável força de caráter será mantida a qualquer custo. Sua imagem é íntegra e nunca tem nada a esconder. Pesquisa muito para encontrar sua verdade. Sua religião é a verdade. É o absoluto dono de seu destino. Costuma realizar o que planeja.

— Eu sou tudo isso? — perguntou Fábio.

— Em princípio, mas precisa dominar seu acentuado ceticismo, que pode levá-lo a trilhar caminhos perigosos.

— Aí complicou. Mas como eu não acredito mesmo em nada... Inclusive no que você está me dizendo...

— Eu sei, mas...

— Desculpe interromper, Pai... Seu Rivadávia, mas eu não acredito em horóscopos...

— Nem eu! Mas não estamos falando de horóscopos. Estou falando sobre a influência dos astros sobre as pessoas e da presença de Espíritos que nos guardam...

— Tá... Tudo bem. Eu acreditar ou não irá influenciar em nada a sua análise. Vá em frente...

— O senhor é exageradamente cético, detetive. Mas sinto que muito em breve irá mudar. No geral, devo lhe dar os parabéns, detetive. O senhor é um homem de bem, embora...

— Embora?

— Espere... Ainda não estou ouvindo com muita

clareza, preciso de algum tempo... Mas... É o seu nome... Fábio... E está em uma lista de... Ameaça de morte? Ainda não entendi...

— Como sabe disso? — desconfiou Fábio, pois apenas ele, Carminha e o assassino sabiam da existência da lista e que Fábio era o último nome!

— Fique calmo, detetive. Estão me dizendo que tudo vai dar certo.

— Estão? Quem está dizendo? Não vi ninguém se aproximando, nem ouvi o senhor atendendo telefonema...

— Alguns Irmãos...

— Irmãos? Seus irmãos? Desculpe-me, mas não acredito, pois eu não vi ninguém! Ninguém se aproximou de nós...

— Ah, quem me disse não é visto tão facilmente...

— Não? E por quê? É bom de disfarce?

— Quem me disse foram alguns Espíritos, amigos meus.

— Espíritos? Almas? E falam? Aqui perto? Meu Deus! Agora desandou! Em que eu estou metido?

— Fique tranquilo... Eles são bons e amigos. Não fazem mal a ninguém. Principalmente no seu caso, que é um homem bom.

— Sou? Então vai me ajudar?

— Se estiver dentro das minhas possibilidades...

— Então vou contar tudo e...

— Infelizmente, agora não será possível. Os trabalhos vão começar e eu preciso estar presente. Por que o senhor não assiste? Seja meu convidado. Depois nós teremos todo o tempo do mundo.

— Está bem... Onde eu fico?

— Onde quiser. A partir deste momento, o senhor é convidado de Rivadávia de Olinda. Preciso ir. Depois nos veremos. Está certo?

— Duvida?

Capítulo VIII

Sou médium?

O tempo transcorreu célere para Fábio. Achou bonitos os cânticos, as danças, mas a sua preocupação com o assassino era maior, bem maior do que a beleza plástica dos rituais da Umbanda. Ainda preferia, caso fosse obrigado a escolher, o ambiente de paz, de sossego, de uma harmonia quase palpável, que sentira no NEAM.

Fábio não conseguia relaxar. Ficara encucado com o fato de Rivadávia saber sobre a lista.

— *Então era assim? Os Espíritos sabiam de tudo? Se fosse mesmo verdade, iria cobrar deles a solução para todos os crimes de que tomasse conhecimento. Aliás, como para cobrar teria que provavelmente aproximar-se deles, o melhor seria delegar aquela função para o Rivadávia. Ele não era o Pai de Santo?*, pensou.

Rivadávia se aproximou trazendo Gilcélia, sua filha de santo. Era uma das suspeitas de Fábio. E a Sheyla Akemi? A bela nissei? Onde andaria? Fábio não teve tempo de pensar mais.

— E aí, detetive? O que achou dos nossos trabalhos?

— Não sou detetive... Achei muito bonito...

— Deixe eu lhe apresentar a minha filha Gilcélia.

Ela o cumprimentou e, antes que ele fizesse qualquer comentário a respeito da sua presença no Seminário do NEAM, Rivadávia disse:

— Detetive! Vou deixar você conversando com minha filha, que pode vir a ajudá-lo na sua investigação. Está bem?

— Está... Mas não sou detetive!

— Se age como se fosse um, não vejo mal em chamá-lo assim. Bem, se eu não estou enganado, contaram que já houve duas mortes, confere?

— Sim...

— Dê-me os nomes e as datas de nascimento dos dois.

— Para quê?

— Vou analisar tudo e ver se encontro alguma ligação... Quero os dados de todos.

— Mas...

— Detetive! Você veio à minha Tenda, em uma investigação de provável homicídio. Eu lhe ofereço ajuda e você vai recusar? Por quê?

— Bem... Eu vou ser sincero com o senhor. Além de não acreditar nessa coisa de horóscopo, como já lhe falei, também não acredito muito nesse papo de anjo bom, anjo mau, alma, Espíritos...

— Mas acredita no Anjo da Morte?

— Quem lhe falou em Anjo da Morte?

— O senhor! Foi o senhor, detetive! O senhor pensou nele e, ao pensar, eu recebi seu pensamento.

— Não estou gostando muito do rumo da nossa conversa... O senhor sabe demais para meu gosto e sem ninguém ter contado! É no mínimo esquisito...

— Ninguém me contou? Está errado. Contou sim, embora o senhor não os veja, nem ouça. Por enquanto!

— Por enquanto? O que quer dizer?

— Ora, porque acredito que o senhor tenha mediunidade e, em breve, vai poder comprovar isso.

— Mediunidade? Sério? O senhor está dizendo que eu sou médium? Um cavalo?

— Tudo indica, mas apenas trabalhando é que saberemos com certeza. Falou cavalo? O senhor aprende depressa... Mas diga-me, já que "adivinhei" algumas coisinhas... Eu sou suspeito?

— Não... Ainda não. E a Sheyla Akemi? O perfil dela?

— O senhor quer? Mesmo sem acreditar?

— Não posso dispensar nenhuma pista, por mais inverossímil que possa parecer. Aliás, independentemente de eu acreditar ou não, por que não pergunta às suas almas quem é o Anjo da Morte?

— Não, detetive. Não funciona assim. Dê-me os nomes, datas e em breve eu terei o perfil de todos. Talvez o senhor encontre ligação entre as vítimas...

— Está bem...

Fábio não conseguiu nada conversando com Gilcélia, pois esta se preocupava mais em exaltar a beleza da sua chácara em Aldeia do que em lhe dar alguma pista. Foi embora para casa e, no outro dia, para sua surpresa, recebeu informações via *e-mail*, encaminhadas por Rivadávia, que iniciara seu texto, com uma pergunta:

— Quem é Carminha? Preciso do nome completo e da data do seu aniversário!

Fábio ficou boquiaberto. Não falara nada sobre Carminha, mas, como começava a achar que havia algo de concreto naquilo que teimava em não aceitar, remeteu o dado solicitado. Rapidamente recebeu a resposta de Rivadávia. De posse das informações, começou a lê-las com calma. Rivadávia iniciava com um alerta:

— Senhor Fábio! É importante entender que a análise de todas as pessoas que ora lhe remeto, indica apenas uma tendência e não uma afirmação. Assim, considere, por exemplo, que as pessoas nascidas em tal data, normalmente são fechadas, introvertidas, mas isso não quer dizer que o senhor não vá encontrar pessoas totalmente extrovertidas, nascidas nessa mesma data. Lembre-se: são apenas tendências! Agora, o mais importante: o senhor tem certeza de que as duas mortes foram assassinatos? Assinado: Rivadávia.

Fábio observou que as duas vítimas iniciais, Osvaldo e Aparecida, não apresentavam, pelo menos na análise de Rivadávia, nenhuma novidade ou qualquer coisa que chamasse a atenção. Melissa, Sacha, Élida e Mônica, sem novidades... Agora quanto a Antônio Heber..., assim destacou Rivadávia:

— Antônio, nascido em 13 de junho, tem como

anjo Yesalel. Quem nasce sob esta influência tem memória prodigiosa, intelectualidade perfeita e grande capacidade para entender tudo de forma lógica, mesmo os assuntos místicos ou religiosos. Por outro lado, o seu anjo contrário domina o capricho, a tirania, a mentira, a frieza, a ignorância, o erro e a incoerência. A pessoa sob a influência deste anjo contrário poderá ter o Espírito limitado e mistificador, e sempre colocar-se contra a maioria, quando ele não estiver tendo o destaque que ache que merece.

— Anjo contrário? O que é isso?, perguntou-se.

E Fábio mandou um *e-mail* para Rivadávia que não demorou a responder.

— Detetive, há uma lenda que diz que alguns anjos sentiram ciúmes de Deus e se rebelaram, apaixonando-se pelas filhas de Noé e, como transgrediram as leis, foram condenados a ficar presos no mundo inferior. É aí que surge o anjo contrário, do mal! Ele atua quando você não pensa, não raciocina e age por mero instinto, como os animais. A intenção do anjo contrário é destruir seu lado forte, deixando-o fraco e tornando mais fácil a sua ação. Um exemplo da ação do anjo contrário é quando você vai falar alguma coisa para alguém, e fala outra muito diferente do que havia planejado. Os cabalistas hebreus chamavam os anjos contrários de "cascas". Da mesma forma que a casca grosseira de uma árvore, mesmo tornando-a feia, protege-a contra pragas e intempéries preservando sua seiva, a energia do anjo contrário pode ser revertida em seu benefício, se você pensar, raciocinar, isto é, estiver perto de Deus. Alguns seres humanos quando perdem o corpo físico não se despojam da vibração energética do instinto, ficando presos no mundo inferior, até que, em uma batalha Espírito/alma/inteligência, consiga a elevação, orientada pelo anjo de guarda.

— Sem dúvida que o tal Pai Rivadávia parecia mesmo saber das coisas. E quanto à minha amiga Carminha? — Fábio pensou. *Vejamos o que ele disse...*

— Carminha? Ela é o último nome da sua própria lista? Segundo Rivadávia, era. Não havia dúvida.

Fábio lembrou-se do susto que tomara ao ler aquela afirmação: Carminha seria a última vítima! Finalmente a análise da suspeita Sheyla Akemi, nascida em 1º de janeiro. Quando questionou Rivadávia sobre datas iguais e análises diferentes, ele respondeu que aquela não era uma resposta astrológica, mas espiritual, ditada por entidades amigas e que mereciam muito mais credulidade do que análises astrológicas. Contudo, também poderia conter erros.

Fábio releu todas as anotações que lhe foram enviadas por Rivadávia e ficou pensativo. Aquilo não iria lhe servir! Tendências e mais tendências...

Por aquilo, até o Antônio era bom! Estava acostumado a trabalhar com fatos, provas, indícios e não com horóscopos, almas ou terreiros... Não encontrava qualquer ligação. Preocupado em não causar um curto-circuito mental nos neurônios, tão exigidos ultimamente, resolveu dar uma parada. Antes, leu uma

“ história que Rivadávia lhe encaminhara via *e-mail*. Dizia:

Heliane Barros, diretora da empresa, gritou com sua gerente de nome Suzana Monteiro, porque estava com muito ódio naquele momento.

Suzana, que já estava chateada porque a sua fantasia de coelhinho não ganhara nenhum prêmio no carnaval, chegando em casa, gritou com sua mãe, Mabel, acusando-a de gastar demais com livros.

Mabel, nervosa, gritou com a empregada Telma, que acabou quebrando um prato que caiu no chão.

Telma chutou o cachorrinho no qual tropeçara, enquanto limpava os cacos de vidro.

O cachorrinho saiu correndo de casa e acabou mordendo Bárbara Sheyla, que ia passando pela rua.

Bárbara Sheyla foi à farmácia para fazer um curativo e tomar uma vacina. Gritou com Edna Barreto, a médica, porque o remédio não tinha um gosto muito agradável.

Edna Barreto, chegando em casa, gritou com Vitória Compasso, sua mãe, porque o jantar não estava do seu agrado.

Vitória Compasso, tolerante, um manancial de amor e perdão, afagou seus cabelos e beijou-a, dizendo:

— Querida filha, prometo que amanhã farei o seu prato favorito. Você trabalha muito, está cansada e precisa de uma boa noite de sono. Vou trocar os lençóis da sua cama por outros bem limpinhos e cheirosos para que você durma tranquila. Amanhã você vai se sentir bem melhor. E retirando-se, deixou-a sozinha com os seus pensamentos.

Naquele momento, rompeu-se o Círculo de Ódio, porque esbarrou na tolerância, na doçura, no perdão e no amor. Se você está ou se colocaram você em um

Círculo de Ódio, lembre-se de que, com a tolerância, a doçura, o perdão e o amor, você pode quebrá-lo. ”

Após a leitura, Fábio tomou um banho para voltar ao NEAM e, como para desculpar-se a si mesmo, disse em voz alta:

— Só vou para descobrir alguns subsídios para minha investigação!

— *Tem certeza?*

— Se tenho certeza?

— *Tem certeza?*

— Duvida?

— Sim!

— Olhe aqui, seu...

Foi quando Fábio se deu conta de que estava só. Alguém falara em seu ouvido com voz clara e audível! Mas quem? Ele estava só, em seu quarto, no seu apartamento. Um leve e frio arrepio percorreu-lhe a espinha. Balançou a cabeça como para se livrar de tais pensamentos e, tentando atribuir tudo a um engano, gritou:

— Isso é o que dá andar me envolvendo com Espíritos, terreiros e horóscopos! Devo estar estressado! Preciso tirar umas férias... Agora dei até para ouvir vozes...

— *Duvida?*

Fábio virou-se. Estava só. Ou não? Enquanto se encaminhava lentamente, sem dar as costas, passo após passo, para a porta de saída do quarto, só por precaução, disse baixinho com o restante de fôlego que ainda tinha:

— Como... Como é?

— *Duvida?*

O intrépido detetive não respondeu. Acabara de sair correndo em direção ao NEAM. Ficar no seu quarto sozinho? Nem pensar!

Capítulo IX

Arrependimento

A bordo do Hades, agora era Rivadávia quem dava tratos à bola. O que significaria aquele esquisito e irrecusável convite? Era umbandista e não entendia ter sido convidado para um seminário espírita. Sheyla, que trabalhava na sua Tenda, também havia recebido o mesmo convite. Mas, independentemente de crenças, não era sempre que aparecia um convite para ir a Fernando de Noronha... Lamentava que sua esposa Manuella, que era advogada, não pudesse acompanhá-lo.

Mentalmente, enquanto observava a beleza paradisíaca do mar, cortado pela atrevida quilha do Hades, ele se lembrava de sua infância de menino pobre nas ladeiras de Olinda, contando a história da cidade para turistas. De Olinda para um cruzeiro no Atlântico, com parada turística em Fernando de Noronha!

Arrependera-se de ter deixado o kardecismo. Sabia que errara feio, pois deixara que a vaidade superasse o bom senso. Não admitia ser apenas um peão. Sentia que nascera para chefiar! Ao concluir que jamais "tomaria" o lugar de Lupércio Roberto, dirigente do grupo mediúnico, abandonou o NEAM, saiu e montou uma tenda de umbanda. Fazia um trabalho bonito e responsável, mas ainda tinha dificuldades a vencer no que se referia ao estudo.

Sempre gostara de estudar, mas na Umbanda, embora o estudo estivesse sendo bem mais divulgado que antes, ainda imperava o apego às coisas materiais, ao terra-terra, e à invocação das forças da Natureza. Após essa viagem precisava se decidir. Seu amigo José Irineu o receberia de volta? Provavelmente...

Assim, mesmo sabendo que a umbanda era algo muito sério e que sua tenda fazia um maravilhoso trabalho de caridade junto às comunidades mais carentes, ele não se sentia feliz! A sua ânsia de aprender mais e mais só seria aplacada em uma casa kardecista. Na sua tenda, tentara impor o estudo, mas ainda havia oposição de companheiros mais antigos, como Pedro Zanoni e Lourdinha Carioca, ainda bastante presos aos rituais e às coisas materiais. Aliás, Lourdinha era mais conhecida como metralhadora verbal, porque nunca parava de falar e sempre encerrava suas críticas com o já famoso bordão que ela criara: *"Com carinho e com respeito!"*

Sempre lembrava de um artigo de Joana Paes Leme, **Critérios Mediúnicos**, no qual ela dizia:

> *"Há que se ter critérios para a prática mediúnica, pois uma constante dentro da realidade das Casas Espíritas é o interesse desenfreado de seus frequentadores pelas práticas mediúnicas. Aliás, depois dos problemas*

obsessivos, são elas as grandes molas que impulsionam as pessoas a adentrarem as instituições, seja por terem uma visão distorcida dos fenômenos, através das especulações da mídia, seja pela necessidade de notícias de parentes e entes queridos que já transpuseram a fronteira entre a vida e a morte.

Dessa forma, tão logo chegam à Casa Espírita, querem participar dos grupos mediúnicos, na tentativa de satisfazer os seus interesses imediatos. E, diante da negação, muitos não compreendem e desistem de permanecer na instituição, buscando outros Centros, acreditando-se injustiçados.

Algumas Casas, tão logo a pessoa demonstre interesse pelas reuniões mediúnicas, tratam de apressar a sua frequência em tais ocasiões, sob alegação de que precisam segurar o indivíduo na instituição, para que ele não enverede por "outros caminhos".

Primeiramente, Centro Espírita não tem a função de segurar as pessoas. Se procura sedimentar um corpo de trabalhadores, deve buscá-los entre aqueles que se predispõem às atividades gerais e se interessam pelo estudo da Doutrina. Em segundo lugar, instituições que agem assim desvirtuam todo o caráter sério do Espiritismo, visto pretenderem prender as pessoas aos trabalhos da Casa.

As reuniões mediúnicas não são restritas porque é preciso algum tipo de iniciação ritualística ou porque envolvem "mistérios do desconhecido". Nelas são trabalhadas energias muito sutis, nas quais os Espíritos infelizes são levados para que sejam tratados de suas chagas morais, e a menor fuga a esse objetivo, por parte de um único componente do grupo que esteja despreparado, pode levar todo o trabalho à ruína.

Assim, para se dedicar à atividade mediúnica, é preciso, antes, dedicar-se ao estudo dos fenômenos, buscando compreender as suas peculiaridades, bem como as suas implicações, obedecendo aos devidos critérios exigidos pelo bom senso e observando a recomendação do Espírito de Verdade: Espíritas, amai-vos! Espíritas, instruí-vos! ”

Enquanto Rivadávia ainda pensava no artigo, Fábio lembrou-se de quando retornou ao NEAM.

Ele se surpreendeu com a naturalidade com que entrou. Afinal, era uma Casa Espírita! Lembrou-se das inúmeras e incontáveis vezes em que mudou de calçada, só para não passar muito perto de um lugar habitado por almas! Depois de algum tempo, encontrou Carminha, e ela, após indagar como estavam as suas investigações, levou-o — quase obrigado — ao Salão de Palestras, onde a convidada Michelly Lyra, da cidade de São José da Laje, faria a exposição.

Não demorou muito e, após alguns avisos, feitos por Terezinha Cardoso, a dirigente da noite, Vanusa proferiu a prece e passou a palavra a Michelly. Ela se ergueu e, após cumprimentar os presentes, deu início à sua explanação.

“ — Meus Irmãos! Hoje falaremos sobre casamento. E iniciamos fazendo uma indagação. Quando o casamento não vai bem, separar resolve? Quando duas pessoas resolvem, de comum acordo, viver sob o mesmo teto, desde logo terão chances de iniciar a sua reforma íntima. E tudo começa com a luta contra o egoísmo, pois tudo o que era "meu" passa a ser "nosso!".

Em verdade, o que mantém o matrimônio não é apenas a beleza do parceiro ou o prazer sexual, ambos importantíssimos, mas por si sós insuficientes, pois também a amizade, o respeito, o desprendimento, o carinho etc., alimentam os laços matrimoniais.

O casal, ainda no Plano Espiritual, combina o reencontro no matrimônio, convencidos de que a união de ambos é um bom programa de obrigações reeducativas. Reencarnam e se casam.

Com o passar dos dias, os dois vão se conhecendo melhor e percebem que o outro não era bem aquilo que parecia ser. Ele passa a noite roncando; ela fala dormindo a noite toda; ele quer dormir e ela assistir à TV no quarto; ele tem o péssimo hábito de deixar a tampa do assento sanitário aberta e ela insiste em deixá-la fechada!

Ele deixa o tubo dental sempre aberto e ela deixa pedaços de fio dental espalhados pela pia! Ah! Que diferença do que ocorria antes... Sempre que se encontravam — antes do casamento — estavam arrumados, penteados, cheirosos, maravilhosos! Mas agora, ao acordar e olhar de lado, às vezes têm até um leve susto! Surgem os conflitos...

Hora de se separar? Será que a separação resolve? Na balança da indecisão, começa a pesar mais o prato das imperfeições... Ela se pergunta: como pode aquela pessoa maravilhosa transformar-se em alguém com tantos defeitos? E o outro, seguramente, se faz os mesmos questionamentos a respeito do parceiro.

É hora de tentar equilibrar os pratos, colocando na balança, os momentos de alegria... As pequenas coisas que os faziam rir antes; os cabelos brancos adquiridos juntos; os quilinhos a mais ou exageradamente a menos; as rugas... É hora de aceitar o estrago feito pelo mestre tempo nos corpos de ambos e a inexorável força da gravidade que sai derrubando tudo...

Se o parceiro não é bem o que idealizaram, com certeza foi o melhor que Deus pôde oferecer — e o que mereciam — para que cresçam juntos.

O esposo, tirano doméstico que pede à mulher total dedicação, provavelmente é o mesmo homem de outras existências, de cuja dedicação ela zombou, tornando-o agressivo. A companheira extremamente exigente, que envolve o marido em constantes crises de ciúme, é a mesma jovem que outrora foi desencaminhada por ele, com falsas promessas de amor, levando-a à degradação moral. Assim, a ambos cabe se tolerarem e se reeducarem!

Declarar que o divórcio é sempre errado é tão incorreto quanto assegurar que está sempre certo. Todo casamento dissolvido representa fracasso, pois a separação não faz parte da programação de ambos, é simplesmente uma alternativa, quando a união entra em crise insuperável.

A Doutrina Espírita não faz apologia do divórcio, mas aceita e explica racionalmente a sua necessidade em casos específicos, uma vez que há uniões em que o divórcio é compreensível e até razoável, para evitar um mal maior.

O divórcio, nesta circunstância, defendido por Kardec, em *O Evangelho Segundo o Espiritismo*, limita-se tão só a reconhecer uma separação já existente. É o mal menor, oferecendo aos divorciados, a oportunidade de tentarem reconstruir suas vidas e de legalizar sua nova situação perante a sociedade.

Não é lícito o divórcio, em considerando os graves problemas conjugais, a manutenção de um matrimônio que pode terminar em tragédia? Não será mais conveniente uma separação, desde que a reconciliação se tornou impossível?

Não têm direito, ambos, a uma nova tentativa de felicidade, ao lado de outrem, já que não se entendem? A resposta é sim.

Quem se casa e promete conviver bem com seu parceiro, mas abandona o barco ao menor indício de tempestade, certamente será responsável pelos destinos daqueles que abandona à deriva, à própria sorte. Isso será, fatalmente, plantação amarga em um futuro próximo ou distante, cuja colheita será obrigatória.

Não basta se casar. É importante saber para quê. Muitos dirão que a resposta é óbvia, que as pessoas se casam por amor. Pode ser e deveria ser... O amor, porém, reclama adubação constante, pois a felicidade na comunhão afetiva não é prato feito e sim construção do dia a dia.

Acredito piamente que, no casamento, amar é, acima de tudo, olhar ambos na mesma direção, sonhar os mesmos sonhos e construir em conjunto. Assim seja! ”

Um silêncio respeitoso se seguiu às palavras de Michelly. Parecia que todos analisavam as suas colocações. O silêncio foi quebrado pela voz de Terezinha, anunciando que os trabalhos seriam encerrados com a prece de Elisângela.

Depois da prece, Carminha conduziu Fábio para falar com Michelly. Cumprimentaram-se e, enquanto Carminha se afastava para resolver assuntos relativos ao bazar que dirigia, ambos ficaram conversando. Fábio tirou algumas dúvidas sobre o que ouvira na palestra e, após algum tempo, despediu-se e preparou-se para sair.

Ele já ia embora quando encontrou Melissa. Quase sem perceber, começou a lhe contar o que estava acontecendo. Contou-lhe tudo que até então descobrira e sobre a falta de uma peça no complicado quebra-cabeça.

— Por que você está me contando tudo isso? Quer alguma ajuda?

— Ajuda? Não... Sabe, nem sei por que falei tanto. Você é uma professora da FEO. Sei lá... Não é meu costume. O meu trabalho diz respeito apenas a mim... Sei lá... Desculpe se a aborreci.

— Não! Ao contrário. Fiquei até honrada com a possibilidade de poder ajudar. Só que realmente está difícil...

— Eu sei...

— Espere! Você falou em Sheyla Akemi e Gilcélia...

— É verdade, mas não descobri nada. Talvez consultando os meus papéis, mas deixei-os no apartamento... Vou até lá verificar o que tenho sobre as duas... Aceita uma carona?

— Aceito.

Depois de pegar seus papéis, Fábio, após gaguejar como uma criança flagrada em uma peraltice — convidou Melissa.

— Você... Você está com muita pressa?

— Não... Por quê?

— Poderíamos jantar e aproveitaríamos para verificar meus papéis e quem sabe se você não me ajudaria? Estou com umas dúvidas...

— Dúvidas? Sobre o quê?

— Espiritismo... falou meio envergonhado, Fábio.

— Sério?

— Duvida?

— Quais são as dúvidas?

— São tantas... Sobre ouvir vozes... Mediunidade, almas etc. Andei lendo alguns livros da Carminha. Confesso que fiquei tonto e fascinado. Mas são tantas novidades...

— Tudo bem, Fábio. Pode perguntar.

— Lá no meu quarto... Alguém andou falando no meu ouvido e não havia ninguém. O Rivadávia de Olinda disse que tudo indicava que eu tenho uma tal de mediunidade e até a Carminha andava com esse papo esquisito!

— Quem é Rivadávia de Olinda?

— Um dos meus suspeitos preferenciais! É pai de santo em um terreiro de Umbanda.

— Pelo visto você anda diversificando bastante suas atividades religiosas — brincou Melissa.

— Que nada! Eu estou muito bem assim. Elas não são importantes e ninguém precisa de religião.

— Não concordo. As religiões são importantes. Podem até não ser imprescindíveis nem suficientes, mas são importantes. Elas nos mostram o norte, o caminho a ser seguido.

— Está bem, Melissa. Digamos que eu concorde. E agora? Já andaram me obrigando a ouvir palestras e até a ler livros e artigos sobre os Espíritos... Mas ainda tenho dúvidas, muitas dúvidas. Vai me ajudar?

— Que tal você perguntar?

— Está bem... Você tem namorado?

Melissa, que não esperava aquilo, engasgou-se e, depois de olhar meio divertida para Fábio, indagou:

— Suas perguntas não eram sobre Espiritismo?

— Eram... Mas foi curiosidade... Desculpe... Escapou...

— E a resposta é importante para você?

— É... Não... É sim... Não sei...

— Detetive!

— Não sou detetive!

— Fábio! O que está realmente acontecendo? Está querendo me namorar?

Agora foi a vez de Fábio engasga-se e, depois de algum tempo em que ficou absolutamente perdido, sem saber onde pôr as mãos e para onde olhar, conseguiu responder.

— Namorar? Mas você é espírita!

— Sou mesmo, mas espírita namora, sabia? Isso

seria um entrave para você?

— Duvida?

— Não, não duvido, pois a Carminha já havia me falado a seu respeito. Bem, vamos voltar às suas dúvidas sobre Espiritismo?

— Mas... E nós?

— Nós? Eu sou espírita, lembra-se? Por que não procura aprender o que é e o que não é Espiritismo?

— Aí depois, nós...

— O futuro é uma incógnita. Quais são as suas dúvidas?

— Ah, são tantas...

— Sério?

— Duvida?

— Não...

Capítulo X

Mediunidade

A taciturna Sacha Maryon, competente, mas mal-humorada secretária da FEO, estava maldizendo Carminha por "inventar" aquela história que ela incorporara um Espírito, na chegada à ilha. Como surgira certa empatia entre ela e Sheyla, era esta que agora ouvia as suas reclamações sem-fim.

— Pois é, Sheyla. Não é pelo fato de eu trabalhar em uma Faculdade Espírita, que sou obrigada a acreditar em Espíritos e...

— Mas eles existem! Eu mesma estou cansada de vê-los e de conversar com eles! Acho que você não quer é acreditar, mas lá no fundo sabe que eles existem, sim.

— Eu não sei de nada e também não sabia que você recebeu procuração deles para provar que existem! Acho melhor a gente parar com essa conversa sem futuro.

Sheyla sorriu compreensiva. Era sempre assim. As pessoas negavam a continuação da vida após a vida, como se tudo acabasse no túmulo, conforme costumam dizer os materialistas, ou que, ao morrer, a pessoa recebesse uma passagem para o céu ou para o inferno, de acordo com as religiões tradicionais! Dois erros enormes que, um dia, serão lamentados por muitos.

— Não seria melhor você tirar suas dúvidas? Ou vai continuar falando mal do que não entende? Isso seria leviandade...

— E quem vai me responder? Você?

— Naquilo que eu souber...

— Mas você não é macumbeira? Desculpe... Eu ia falar umbandista...

— Tudo bem. Eu sou umbandista, mas como gosto de estudar, leio muito e, talvez, até me torne kardecista por conta do estudo... Vai perguntar?

— Bem...

— Comece! — estimulou Sheyla.

— Tá... Qual a finalidade fundamental da tal mediunidade?

— Sacha, é a mediunidade que permite nosso contato com os desencarnados, que nos dá a possibilidade de sermos úteis, transmitindo os recados do Mundo Invisível para a Terra, com o objetivo de nos ensinar, possibilitando a orientação e o conforto aos enfermos e de ignorantes das questões da Alma e também os que perderam a esperança.

— Tá, mas...

— E é graças à faculdade mediúnica que nos descobrimos imortais. É daí que adquirimos a certeza de que a morte física existe, sim, mas é apenas um retorno para casa.

— Meu Deus! Você acredita mesmo que podemos

nos comunicar com os Espíritos!

— Claro! Todos nós, encarnados ou desencarnados, somos Espíritos vivendo em planos diferentes da vida. Portanto, podemos nos comunicar com o Mundo Espiritual frequentemente, principalmente pela mediunidade ostensiva.

— Essa tal mediunidade se baseia nos recursos da mente ou do corpo?

— As mensagens são transmitidas mente a mente. Agora, a exteriorização das mensagens acha-se na dependência do sistema neurológico do médium. Portanto, a afirmação de que alguém é médium psicógrafo, psicofônico ou de efeitos físicos somente pode ser confirmado quando esse alguém passar a escrever, a falar ou a provocar fenômenos físicos. Assim, vemos que a exteriorização da mediunidade só se dá por meio do corpo físico.

— Sheyla, podem existir médiuns não espíritas?

— Lógico! A faculdade mediúnica é inerente à criatura humana, independente de crenças e, assim, encontramos médiuns não espíritas, materialistas ou até mesmo ateus.

— Alguém pode ser obrigado a desenvolver sua mediunidade?

— Ninguém é obrigado a desenvolver a mediunidade. É errada a ideia de que a mediunidade é a causa de sofrimentos e desajustes das pessoas. Geralmente, sofre-se por ignorância e por falta de cuidados com a vida no plano material.

Quem for médium e não quiser praticar sua mediunidade deverá, pelo menos, se esforçar para sua melhoria moral, procurando libertar-se dos vícios mais grosseiros, como cigarro, bebida e drogas e de vícios morais, muito mais perigosos, como orgulho, egoísmo, inveja, vaidade, maledicência etc.

— Vocês falaram que eu incorporei um Espírito. Se isso tivesse sido verdade, então o Espírito teria entrado no meu corpo? Ouço os espíritas falarem muito em incorporação...

— Veja bem, Sacha. Hoje em dia, ninguém que tenha estudado um pouco o Espiritismo irá pensar que um desencarnado possa entrar no corpo do médium, como se admitia no passado. O fato de se continuar a usar o termo incorporação, nos meios espíritas, também se deve à sua abrangência. Atualmente, é proposto o termo psicofonia; contudo, para muitos, a expressão estaria indicando somente o fenômeno da fala, como na psicografia temos, tão somente o fenômeno da escrita.

— Pode o médium impedir que um Espírito se manifeste?

— O médium é dono do seu corpo e é ele quem o dirige. Assim, um desencarnado não pode se impor a um médium, exigindo que permita sua manifestação.

— Nunca?

— Apenas em casos de obsessão, quando a vontade do médium está fragilizada pela longevidade ou intensidade do processo, é que o desencarnado domina a situação e impõe sua vontade. Fora disso, os desencarnados aguardam que o médium lhes abra a casa mental ou que aceitem serem parceiros.

— Lá na FEO eu já ouvi falar, mas confesso que ainda não entendi, que o Espiritismo explica a existência de tantas injustiças sociais na Terra...

— A Terra é um planeta ainda atrasado, de provas e expiações, em fase de mudança para um mundo de Regeneração. Mas essa transformação é demorada, o que equivale a dizer que ainda é morada de Espíritos imperfeitos que necessitam de ajustes decorrentes de sua própria condição espiritual. Nosso orbe é um grande hospital, onde vivem muitos enfermos da Alma, que precisam se depurar por meio de experiências no corpo físico. As injustiças sociais são consequências do egoísmo e orgulho, comuns na Terra. Com a evolução social e moral da Humanidade, o homem aperfeiçoará suas leis e viverá em uma sociedade mais justa e fraterna.

— Posso fazer uma pergunta mais delicada?

— Claro! Fique à vontade.

— É sobre um amigo meu... O que a Doutrina Espírita fala a respeito do homossexualismo?

— A homossexualidade é um desvio de comportamento do Espírito e, como tal, deve ser encarada. Às vezes, manifesta-se como uma prova e, em outras, como expiações. Todos os que vivem neste planeta, ainda atrasado, são portadores de imperfeições. A homossexualidade é uma delas. A ideia central da encarnação é justamente a luta que travamos para que possamos nos libertar das nossas imperfeições.

— Alguns psicólogos...

— Eu sei. Alguns procuram explicar o homossexualismo como algo normal, como uma opção sexual. E sugerem que assumam sua opção! Mas acredito que a homossexualidade não é uma simples opção e sim um enorme e doloroso desequilíbrio da sexualidade.

— Eu mesma vejo assim... Para mim não há anormalidade... E respeito quem opta por viver dessa forma...

— Respeitar é correto, mas pense um pouco, querida Sacha. Se essa conduta fosse normal, o "normal" seria que não acarretasse tantas dores, decepções e sofrimentos.

— Causados pelos preconceitos!

— Os sofrimentos não são consequências apenas do preconceito de que são alvos os homossexuais. Eles surgem principalmente e, na maioria das vezes, dos danos psíquicos ocasionados pelas relações conflituosas e em flagrante desequilíbrio.

— Então, é por este motivo que é tão difícil o autocontrole?

— É difícil de controlar porque geralmente as pessoas sentem prazer na sua prática; porque é muito mais fácil aceitar a ideia de que é apenas uma opção sexual do que tentar reformular conceitos morais e sociais e se esforçar em se modificar.

— É complicado...

— É mesmo e, infelizmente, o modernismo ganha força e os irmãos homossexuais, claro que não todos, que necessitam de uma ajuda maior no sentido de amparo, amor e da compreensão do problema, lançam-se na vida promíscua, estimulados a viver cada vez mais intensamente os desvios da sua sexualidade, acumulando sérios problemas cármicos para futuras encarnações.

— Se a pessoa quer assumir a sua homossexualidade, não estará exercitando o seu livre-arbítrio, tão falado pelos espíritas?

— Sim, estará exercitando seu livre-arbítrio, bem como quando ama ou odeia, quando estuda ou permanece ignorante, quando trabalha ou prefere a inércia, quando acaricia ou esbofeteia etc. O livre-arbítrio é apenas uma opção, mas não significa dizer que exercê-lo estará sempre correto. Matar alguém é a decisão de uma pessoa, usando o seu livre-arbítrio...

— Coitados...

— Coitados? Sacha, um enorme erro é transformar homossexuais em vítimas e não tratá-los como pessoas que podem ser auxiliadas, se assim o desejarem. Claro que, se eles querem vivenciar suas experiências de prazer carnal, devemos respeitar. Porém, quem compreende os objetivos essenciais da existência do Espírito imortal jamais poderá afirmar que esse é um comportamento normal ou que tal procedimento não trará consequências para a vida futura do Espírito.

— Mas qual seria, na realidade, o erro cometido por alguém que dá expansão à sua bissexualidade? Algo que lhe dá prazer e que não lhe prejudica o corpo, além de suprir sua carência?

— Como acabei de dizer, somos seres espirituais. Temos uma vida futura e uma grande responsabilidade que assumimos quando encarnamos. As Leis Divinas são inexoráveis, quer acreditemos ou não. E nelas está a Lei de Causa e Efeito.

— E daí?

— E daí? É que em um relacionamento bissexual, na maioria das vezes, não há compromissos com nada a não ser com o prazer. E nós não viemos ao mundo para viver apenas os prazeres, mas para buscar o equilíbrio entre corpo e Alma...

— Mas as carências...

— As nossas carências, geralmente, são doenças da Alma e, se buscarmos resolvê-las com as coisas materiais ou com os prazeres da carne, poderemos entrar em um caminho de grandes insatisfações pessoais, com um retorno lamentavelmente sofrido, doloroso.

— Puxa, Sheyla... E o tal Allan Kardec? Parece-me que ele sabia mesmo das coisas... Quando inventou o Espiritismo...

— Allan Kardec não inventou o Espiritismo, ele apenas codificou, organizou, deu lógica didática à Doutrina que os Espíritos Superiores lhe ditaram.

— Sim, mas os Espíritos só falaram com ele e...

— Se os Espíritos tivessem falado apenas a Kardec, nada lhe garantiria a origem. Ao contrário, na universalidade dos seus ensinos é que reside a força do Espiritismo e, também, a causa de sua tão rápida propagação.

— Por que a mediunidade só apareceu há pouco mais de 150 anos?

— Quem disse isso? A mediunidade não é um

fenômeno dos tempos atuais nem foi inventada pelo Espiritismo. O fenômeno mediúnico é de todos os tempos e de todos os países e religiões, pois desde as idades mais remotas existiram relações entre a Humanidade terrena e o mundo dos Espíritos.

— De todos os tempos?

— Querida amiga, a faculdade mediúnica existe desde o surgimento do homem na face da Terra, porque se trata de uma faculdade inerente ao seu Espírito. A Humanidade tem sido guiada, desde sua origem, por leis do mundo oculto já comprovadas, graças a essa faculdade mediúnica inata no primeiro Espírito aqui encarnado.

— Vocês falaram que incorporei... Se for verdade... Se quiser... Só por hipótese... ser médium, o que devo fazer?

— É grande a responsabilidade que assumimos no dia em que participamos de uma reunião espírita como medianeiro. Mas o que muitos ignoram é que os frutos bons que a mediunidade venha a dar dependem decididamente, do modo pelo qual ela é desenvolvida.

— O que você quer dizer?

— Quero dizer que uma das mais importantes faces da mediunidade, e que não podemos ignorar, é que a prática da Caridade e do Amor para com o próximo, não somente é indispensável ao bom desenvolvimento da faculdade, mas também garantia do seu exercício feliz.

Desse modo, o candidato a médium deve iniciar o seu compromisso, não só pela frequência às reuniões mediúnicas, mas pela prática do Bem, pelo auxílio ao sofredor, além do estudo continuado da Doutrina

Espírita e do empenho em reformar-se moralmente.

— Tudo bem, Sheyla, já me convenceu. Eu quero ser médium e quero logo, o quanto antes, melhor!

— Sacha, convém não precipitar o desenvolvimento mediúnico. A mediunidade desdobra-se indefinidamente, e um médium nunca estará completamente desenvolvido. Quanto mais a cultivarmos, com submissão às Leis Divinas, mais ela se ampliará.

— Indefinidamente? Mas falam tanto em maravilhosos médiuns, com feitos extraordinários e...

— Não existem médiuns extraordinários, não existem médiuns eleitos. Em consequência, querida Sacha Maryon, não devemos nos deixar fanatizar pela mediunidade, endeusando os médiuns como se fossem homens e mulheres à parte na escala humana. Eles são apenas instrumentos, ora bons, ora maus, das forças invisíveis do Além, consoante o modo pelo qual dirijam os próprios atos cotidianos.

— Mas...

— Que fique claro! A faculdade mediúnica é um instrumento de trabalho, capaz de produzir, quando utilizada para o bem do semelhante e sem qualquer interesse egoísta preconcebido, o ressarcimento de pesados débitos do Espírito encarnado catalogados na Contabilidade Divina.

— Legal!

— Legal? Bem, há médiuns que acham que seu trabalho se resume em concentrar-se e dar passividade aos irmãos desencarnados. Estão errados! Segundo

Emmanuel, o médium, assim como todo espírita, tem de esforçar-se para evoluir moral e intelectualmente, pois, caso contrário, ele será apenas um pássaro de uma asa só. Ele a agita, contorce-se, tenta alçar voo, mas apenas gira em torno de si mesmo e permanece preso ao chão. Sacha, é importante destacar que os médiuns não podem se esquecer de que, quando estão mediunizados, as palavras e ideias que eles pronunciam não lhes pertencem. A autoria é dos Espíritos! Reproduzi-las com a maior fidelidade possível, evitando distorcer as mensagens com suas próprias palavras, é o trabalho que lhes compete fazer, por que o médium não é apenas um microfone ou um procurador dos Espíritos; ele é, principalmente, um divulgador do Espiritismo. Quando entender isso e praticar, ele poderá dizer: estou cumprindo a minha missão de médium.

— Puxa, Sheyla, gostei e acredito que perdi foi muito tempo. Eu quero ser espírita. Vou sim... Eu quero receber os Espíritos.

— Epa! Uma correção: Ser espírita não se limita a receber Espíritos. Até porque nem sempre isso acontece. Allan Kardec foi claro ao dizer que *"se reconhece o verdadeiro espírita pela sua transformação moral e pelos esforços que emprega para domar suas inclinações más"*.

— Então...

Sacha é interrompida pelo pavoroso grito que veio de um dos quartos.

Capítulo XI

Pesadelos

O que estava acontecendo? Ele nunca tivera problemas para dormir e agora era atacado por constantes pesadelos... Um pouco antes do grito, ele também lembrava que Márcio Luiz, sua famigerada criação, em um passado ainda recente, antes desta viagem, recebera uma proposta tentadora e irresistível. Via *e-mail*, chegara uma consulta, sobre se aceitaria tentar vender um excelente produto, por 200 mil reais, negociáveis, ao conhecido jornalista Ubirajara Cavalcanti.

Procurou no catálogo telefônico e, quando encontrou o nome que lhe fora mandado, contou dez nomes para trás. Encontrou seu possível alvo, caso aceitasse a incumbência. Tratava-se de Fernando Formiga, um conhecido gênio da engenharia portuária. Aquela contagem de dez nomes para trás era a forma de despistar possíveis toupeiras que viviam a fuçar os *e-mails* dos outros. Só os melhores clientes sabiam daquele detalhe.

E a grande cliente era nada mais, nada menos do que Rosa Lúcia, principal acionista de uma cadeia de hotéis. Pesquisou na internet para conhecer melhor seu alvo. Quarenta anos, faixa preta de judô e não gostava de seguranças por perto. Por que a empresária Rosa Lúcia o queria morto? Não que isso lhe importasse, mas, quanto mais conhecesse o alvo, menor a probabilidade de erro.

Já descobrira um obstáculo. A esposa do alvo, Ana Paula Lacerda, sempre estava com ele. Era um complicador, pois se fora procurado, é porque a morte teria de parecer natural. E natural com a esposa por perto, ficava mais difícil... Só se executasse ambos... Mas isso, além de ferir seus princípios, ainda acarretaria o prejuízo de executar dois e só receber pela morte de um! Contudo, desistir não fazia parte da sua personalidade, principalmente porque o fato de ser *difícil não significava impossível*, até porque ele acreditava piamente que *nada era impossível*. Resolveu entrar em contato com sua cliente e, após encontrar o telefone indicado por ela, contou dez números para a frente. Outro ardil de contravigilância. Ligou de um telefone público.

Quem atendeu não se identificou, porém confirmou que a morte precisava parecer natural e que a cliente estava disposta a pagar até 250 mil reais se tudo corresse com perfeição. Ele aceitou e, enquanto se preparava e estudava uma maneira de chegar perto, foi conhecendo melhor os hábitos do alvo.

Fernando Formiga frequentava uma academia onde apurava sua forma física. Ele gostava de variar os horários dos seus exercícios. Comparecia ao local em qualquer horário. Pela manhã, à tarde e até à noite.

Era provável que ele pensasse que isso dificultaria sua localização. Realmente dificultava, mas não para um profissional como o matador!

— *Na academia! Lá seria o único lugar onde ele não estaria acompanhado da esposa. Teria de ser em uma daquelas ocasiões!* — decidiu.

— Que método usarei? — falou em voz alta, o executor.

— *Que tal suicídio?*

— Luiz Carlos! Olá! Há um bom tempo que você sumiu...

— *Eu sei. Mas meu trabalho não é ajudá-lo a cumprir o seu? E então? É possível empurrar alguém do alto de um prédio e fazer parecer um suicídio?*

— Nada é impossível... Mas tudo vai depender da meticulosidade da necropsia.

— *Imaginando que será meticuloso... Ainda assim será possível de ser feito?* — indagou Luiz Carlos.

— Repito: Nada é impossível... Mas seria realmente difícil. A dificuldade começa em levar o alvo para a parte mais alta de um prédio, caso ele não esteja hospedado ou more no edifício, sem que ninguém veja.

— *E se o alvo fosse convencido a comparecer a um encontro lá em cima? Voluntariamente?*

— Facilitaria, mas não seria suficiente. Principalmente porque não pode haver luta que deixaria sinais evidentes e que impugnaria a ideia de suicídio. Havendo luta poderia ficar indícios da minha pele sob suas unhas e mais alguns detalhes descaracterizadores de uma morte espontânea.

— *E por que você não o leva para cima já amarrado? Ou já morto?*

— Amarrar sempre deixa alguma marca, independente de ele se debater ou não, e executá-lo antes de jogá-lo, seria extremamente arriscado...

— *Por quê?*

— As mudanças corporais se dão muito rapidamente após a morte. Há uma acentuada acumulação de sangue pela força da gravidade, pois o sangue para de circular...

— *Está muito técnico para meu gosto...*

— Problema seu, mas a forma como eu vivo exige que eu sempre tenha cuidado redobrado com todos os meus passos. Chamar a atenção seria uma imperdoável violação das minhas regras e das leis de sobrevivência. No momento em que alguém começar a prestar atenção em detalhes sobre minhas operações ou sobre mim, o anonimato que me mantém vivo começaria a tomar contornos que se assemelham a uma futura e pouco promissora mortalha...

— *Será que o terrível e temido executor de olhos cinzentos começa a temer a morte?*

— Claro... Sempre a temi! Medo é o que tem me mantido vivo...

— *Por que não conduz o nosso alvo para cima já inconsciente? Ou embriagado?*

— Inconsciente seria bom, desde que eu não precisasse levar 90 quilos para cima. E, para estar inconsciente, precisaria estar dopado e, provavelmente, haveria vestígios no sangue.

— *E de porre?*

— Funcionaria, mas como fazê-lo beber? Ele é abstêmio... Espere! Há um meio!

— *Então, por que está me enrolando? Não pense, apenas faça!*

— Farei...

Dias depois, para desespero de sua jovem esposa Ana Paula, Fernando Formiga se joga da parte mais alta de um prédio. O Instituto de Perícia Técnica e o de Medicina Legal não tiveram qualquer dúvida sobre a *causa mortis*: suicídio! Afinal, ele morava no 1º andar e por que teria ido lá em cima se não pensasse em matar-se? Até porque nenhum estranho fora visto entrando no prédio.

A polícia esteve algumas vezes no local investigando e interrogando o porteiro e moradores e nada de suspeito foi levantado. O porteiro, de nome Sebastião, lembrou depois de algum tempo que, às 19 horas do dia da morte de Fernando Formiga, chegara uma encomenda de *pizza* para Fernando e, como era norma do prédio, ele acompanhara o entregador, em cujo crachá se lia Daslan Lima, até o apartamento. Fernando atendeu e estranhou a encomenda, mas quando soube que fora sua esposa Ana Paula que mandara — e ela sabia que ele adorava *pizza* — aceitou numa boa. O porteiro acompanhou o entregador após a entrega, que deu boa noite e foi embora. Fora isso, nada de anormal acontecera.

— Tem certeza? Foi exatamente assim? — indagou o policial.

— Tenho — confirmou Sebastião.

Ana Paula também confirmou que encomendara a *pizza* e Daslan, que fizera a entrega, foi identificado e confirmou a história do porteiro.

O porteiro estava certo. Afinal, ele não vira que outra pessoa também vestida como entregador de *pizza*, usando um jogo de gazua, entrara no prédio no momento em que ele subira acompanhando o outro entregador. O intruso subiu pela escada e, após a entrega da *pizza*, quando o porteiro já retornara para a sua portaria usando o elevador, ele tocou novamente no apartamento de Fernando. Deu as costas porque sabia que o alvo olharia pelo olho mágico.

Ao ver a roupa de entregador, o alvo imaginou tratar-se do mesmo entregador e, certo de que o entregador esquecera algo, abriu a porta. Foi atingido pela descarga elétrica de uma pistola. Desmaiou com o choque que fora suficiente apenas para desacordá-lo e, a cada 30 segundos, uma nova descarga era acionada para deixá-lo dormindo.

O corpo foi colocado no carrinho de supermercado do próprio prédio, que era usado pelos moradores. Isso depois que o carrinho foi forrado com roupas macias para que o corpo não apresentasse qualquer contusão anterior à queda que sofreria. O frio executor tomou o elevador e, chegando ao teto do prédio de vinte andares, conduziu o carrinho até a borda. Segurando o alvo por trás e pelas axilas jogou-o no vazio. A rua escolhida era bastante deserta, sem saída, suficiente para dar tempo para ele escapar.

Retornou ao elevador e, ao olhar-se no espelho, viu que seus olhos cinzentos estavam meio enevoados, o que os escurecia.

— *A velha adrenalina!* — pensou o executor.

Deixou o carrinho no lugar onde o encontrara e, pacientemente, esperou o porteiro ir ao banheiro, o que aconteceu duas horas depois, quando então saiu do prédio com as suas gazuas, queimou as luvas usadas e a pistola elétrica, espalhou as cinzas ao vento e perdeu-se na escuridão da noite, nas sombras. Aliás, haveria um lugar melhor para o Assassino das Sombras desaparecer do que na escuridão?

Um raríssimo sorriso mudou um pouco a sua fisionomia sempre fechada e meio triste. Dera a si mesmo esta pequena abertura, porque tivera sorte. Intuitivamente seguira Ana Paula e viu quando ela encomendou uma *pizza*. Era a oportunidade que ele estava esperando.

— Satisfeito?

— Oh não! Sharlene... Se foi para me impedir, chegou atrasada...

— Não. Não posso impedi-lo. O máximo que tenho conseguido é lamentar por eles e por você.

— Eles?

— *Sim... Quantos você já executou?*

— Incluindo na guerra? Não sei...

— *O que esta mulher está fazendo aqui?*

— Luiz Carlos! Apareceu em boa hora. Por que você não mostra que ela está perdendo o seu tempo?

— *Não. Não farei isso porque ela vai tentar o mesmo*

comigo e eu não perco tempo com pieguices como você. Quem diria... O grande matador vacilando... Vamos, mande-a embora.

— Estou pensando...

— *Não pense! Apenas faça!*

— Agora não... Ela me diverte...

— *Diverte ou você está achando impossível despachá-la?*

— Impossível? Nada é impossível!

— *Então fique se divertindo que eu tenho mais o que fazer.*

E o zangado e exigente Luiz Carlos se mandou, sob o olhar divertido do executor Márcio Luiz.

— Querido irmão...

— Não sou seu irmão nem sou querido!

— É sim. Eu gosto muito de você e é por este motivo que tento ajudá-lo a se livrar deste estigma.

— Que estigma? E quem disse que eu quero me livrar de alguma coisa?

— Seu coração... Você não está cansado de ser o responsável pela dor em tantas pessoas?

— Não e eu não executei tantos assim...

— Até mesmo fisicamente já foram muitos, mas você matou também os sonhos, esperanças, feriu muitos corações e agrediu muitos sentimentos de esposas, mães, pais e órfãos!

O matador olhou-a surpreso. Não esperava e nunca pensara que indiretamente atingia várias outras pessoas. Não aceitava encomenda contra mulheres, crianças e adolescentes, mas, de alguma forma, também os atingia. Mas não iria entregar os pontos tão facilmente.

— Está apelando, Sharlene?

— Estou sim. Apelando para o pouco de bom senso que ainda existe aí, escondido em algum lugar do seu peito. Pare! Como pode continuar matando?

— Eu sou um matador...

— Deixe de sê-lo!

— Impossível!

— Impossível? Qual é a sua frase predileta? Não é: Nada é impossível?

— Acho... Acho que esta é a única exceção...

— Como pode? Você não é mau!

— Eu sei. Sou apenas indiferente... E sabe? Matar não é difícil... Foi na guerra que eu aprendi isso. O matar por matar, acredite, é a parte mais fácil. O problema é viver com isso depois. Eu não executo mulheres, jovens e crianças; nunca olho nos olhos do alvo e não quero saber se têm família ou não.

— E isso diminui sua responsabilidade?

— Não me preocupo com responsabilidade. Tento não imaginar o alvo como um ser humano, pois seria perigoso e poderia causar arrependimento. Olhar nos olhos na hora da execução, deixa gravado na mente uma angústia que incomoda e poderia me enfraquecer no futuro, fazendo-me vacilar na hora da execução...

— Como eu lamento por você!

— Não lamente. A sua presença reacende essa angústia e eu não quero sofrer com a fatal fraqueza chamada remorso. Não apareça mais!

— É isso mesmo que você deseja?

— É. Não me obrigue a matá-la.

— Você faria isso? Meu Deus!

— Deus? Só se for o seu...

— O nosso! E Ele está a nos observar a todos.

— Observando? É, pode até ser, mas parece que Ele não se importa muito. Se é Ele quem faz as regras do jogo e depois deixa cada um fazer o que quiser, como Ele pode achar ruim?

— Livre-arbítrio!

— Não concordo. Ele deveria dizer como quer que as coisas funcionem...

— Pode acreditar que Ele diz, mas muitos não percebem ou não querem perceber isso.

— E por que Ele não é mais claro? Afinal, Ele não é Deus?

— E qual o mérito do homem que não é mau porque Deus não permite?

— Não sei, mas estou absolutamente certo de que se Deus existe realmente, Ele não está nem aí para o que acontece. Se Ele fosse Deus, já teria feito alguma coisa para mudar tanta coisa errada...

— Querido! Ele faz! Você é que não presta a atenção necessária...

— Se eu sou desatento à estratégia Dele, mas competente no trabalho que faço, por que Ele não me dá uma rasteira e me põe em um lugar onde eu não pudesse mais matar?

— Rasteiras e chicote não combinam com Deus... Ele lhe mostra de forma bem mais sutil, para lhe dar a possibilidade de se melhorar por sua espontânea vontade e não por imposição Dele!

— Eu sou um matador! É isso que sou e não pretendo mudar. Agora vá. Vá enquanto pode. A sua existência é um perigo para mim. Mas acho que você não me denunciaria...

— Estou indo... Você não é um matador; não nasceu matador e apenas está um matador. Se for forte, poderá mudar. Inclusive ter uma família. Adeus...

O executor ficou só. Estava nervoso, confuso e aborrecido. A conversa o perturbara. *Ter uma família? Bem...* Algo não estava como de costume...

— *Demorou para se livrar dela. Estava gostando da conversa?*

— Luiz Carlos! Não sei... É incrível... Ela sempre consegue me responder. Eu a odeio!

— *Odeia nada! Se odiasse não a toleraria. Você está ficando velho ou então covarde! O mundo onde só os fortes sobrevivem gostará de saber que o Assassino das Sombras, o terrível Olhos Cinza, está fraquejando...*

— Não estou fraquejando! Estou apenas analisando e me recompondo. Aliás, apareceu um trabalho e dos grandes. Vai me apoiar?

— *Claro! Ainda mais sabendo que se trata de um bando de espíritas.*

— Espíritas? O que é isso?

— *Você verá e, para começar, acredito que deva estudar a Doutrina deles. Como enfrentá-los sem conhecer suas motivações?*

— É o que vou fazer!

— *Não pense, apenas faça!* — ordenou Luiz Carlos,

à guisa de despedida.

O matador se dirigiu até o cemitério. Gostava de ir lá para pensar um pouco. Não conhecera seus pais e sempre escolhia uma sepultura aleatoriamente. Não fazia nenhuma prece, até porque não sabia.

Observava como alguns oravam. Outros choravam, punham rosas, limpavam fotografias amareladas pelo tempo e alguns chegavam ao absurdo de até de conversar com seus mortos, como se eles estivessem ali. Ele não acreditava em nada daquilo, pois jamais vira uma alma atender aos choros ou preces de quem quer que fosse. Nunca vira um morto, porque os mortos... Estavam mortos!

— "Então, por que estou com tanta vontade de falar em voz alta? De tentar me comunicar com o pai e a mãe que eu não conheci?". Ele se perguntava, preocupado com este repentino sinal de fraqueza. Ele olhou em volta e, como estava sozinho, tomou coragem e disse:

— Pai? Mãe? Vocês estão aí? Se estiverem, mandem um sinal... Eu nem os conheço, mas se vocês mandarem um sinal, isso prova que a intrometida da Sharlene estaria certa. Estão ouvindo?

Apenas o silêncio respondeu aos seus apelos. Ele continuou.

— É, provaria que o túmulo não seria o fim... Mas também provaria que eu tinha falhado! Não teria conseguido executar nenhum contrato assumido. Todos estariam vivos! Vamos, falem!

Ele aguardou alguns segundos, esperando a

resposta que não veio.

— E então? A resposta é o silêncio? Eu sabia. Os mortos estão mesmo mortos e não estão me ouvindo. Sou um estúpido... Falando com uma lápide... Vocês não estão aí... Ora, se nem nos meus sonhos vocês aparecem! Só os meus alvos! Estão sempre me cercando! Eles não me dão sossego e eu preciso executá-los novamente.

— *E aí, Olhos Cinzentos? Ficou louco? Agora deu para falar sozinho? Você não tem um contrato?*

Ainda meio atordoado com a nova chegada sem cerimônia de Luiz Carlos, ele apenas perguntou:

— Contrato? Ah, o dos tais espíritas!

— *E que contrato! Um bando de espíritas! Verdadeiros santinhos do pau ôco!*

— É... Vou começar a estudar a religião deles. Vamos!

Capítulo XII

A morte

Também antes daquele grito, que assustara Sheyla e Sacha, Fábio e Carminha conversavam sobre o mais misterioso passageiro do Hades.

— E então? O que você acha dele?

— Do João Moreira? Não sei... Ele praticamente não fala. Na verdade, se limita a lacônicos bom-dia e boa-noite. Até mesmo o caladão do mordomo Geraldo fala um pouco mais...

— Ele é muito do mal educado! Um grosso, e isso desde os tempos de síndico. Será que ele é espírita?

— Que é isso, Carminha? Ser espírita é sinônimo de boa educação? Todo espírita é bem educado?

— Se não é, pelo menos deveria! Afinal, estamos participando de um Seminário Espírita...

— Eu não. Devo ter sido convidado por andar bisbilhotando por aí, tentando resolver a morte dos seus indesejáveis!

— Puxa, Fábio, até quando você vai brincar comigo?

— Brincar? Você acha que estou brincando? Ou

foi você quem brincou com coisa séria?

— É, tem razão... Aliás, já que você falou, eu me lembrei de uma coisa. Se é um Seminário Espírita, não acha que todos deveriam ser espíritas? Não entendo a razão de...

— É... Talvez você tenha razão. Vamos fazer uma investigação sumária?

— Vamos... Como será?

— Anote os nomes de todas as pessoas que estão aqui e vamos encontrar um motivo para as suas presenças nesta viagem.

— Farei melhor. Um quadro. Veja. Somos doze a bordo... Seis estão na minha lista... Veja se falta alguém. Que acha?

— Carminha, eu não teria feito melhor... Vamos ver... Ser espírita, sem dúvida, é um excelente motivo para ser convidado. No caso, além dos espíritas que estão na sua lista, ficam você e o Geraldo...

— Você andou investigando o Rivadávia de Olinda e a Sheyla... Não seria um bom motivo para serem convidados?

— Talvez... Quem sobrou? Mônica, a arrumadeira, e Nair, a médica. Por que foram convidadas? A doutora Nair até que eu entendo...

— Conversando com a arrumadeira, ela disse que foi contratada por uma agência de empregos... Ela e o mordomo.

— De certa forma, o delegado Antônio também teve contato com a minha investigação, pois eu estive falando com ele... Além de estar na sua lista...

— Sobram Sacha e João Moreira. Resumo da ópera: quem não tem um motivo forte para estar aqui?

Foi neste momento que ambos ouviram o mesmo grito pavoroso que assustou Sacha e Sheyla. Todos correram em direção ao quarto de onde provinha o grito. A cena que encontraram era absolutamente inesperada.

Quem gritara fora a doutora Nair Laureano que pegava no pulso de João Moreira que estava imóvel na cama. Sua extrema palidez não denunciava nada de bom. Lentamente, a doutora voltou-se para os recém-chegados e disse:

— Lamento informar... Mas o senhor João Moreira... Ele está... Bem... Ele está morto.

— Morto? Mas qual foi a causa da morte? — indagou Fábio.

— Isso só após o exame médico-legal... Mas parece-me... Não sei com certeza... Bem, eu percebo alguns sintomas de intoxicação... Ou de algum vírus mais letal... Não sei...

— Vírus? Intoxicação? O que pode ter sido? A senhora é a médica, então trate de achar a resposta! Era o delegado, que parecia apavorado e que dera alguns passos para longe do cadáver, ao ouvir a palavra vírus.

— Mas, delegado! Eu aqui não disponho de recursos para...

— Problema seu! E é bom enterrá-lo o quanto antes!

— Mas não podemos...

— Podemos sim. A autoridade aqui sou eu e...

— Não. Ele não vai ser enterrado — ordenou Fábio.

— Não vai? E quem vai impedir? — gritou o delegado.

Fábio parecia não ouvir o delegado, ou ouvia e não lhe dava o menor crédito. Ele se virou para a doutora Nair e indagou.

— Não há dúvida sobre a sua morte?

— O senhor quer dizer... Se ele morreu mesmo?

— Sim. Não falam em catalepsia?

— Não. Ele morreu. Ratificou Nair.

— Está bem, doutora. Amanhã a lancha deve retornar, quando então o encaminharemos ao Instituto de Medicina Legal. No momento, eu acredito que o melhor a fazer, salvo se alguém tiver outra ideia, é fecharmos este quarto e aguardarmos até amanhã.

— Eu concordo, mas acredito não haver qualquer inconveniente em fazermos uma prece pelo nosso companheiro de viagem, que infelizmente já não se encontra entre nós — sugeriu Élida.

Todos concordaram. Ou melhor, quase todos. O delegado Antônio, sem qualquer cerimônia, tratou de menosprezar a atitude da cozinheira.

— Onde é que estamos? Uma simples cozinheira se achando com o direito de sugerir alguma coisa! Mas o pior é vocês aceitarem isso. Ainda mais em se tratando de rezar. Rezar! Por acaso, as rezas de vocês vão trazer esse infeliz de volta? Não que ele esteja fazendo falta...

— Por que o senhor não para de ser grosseiro e mal educado? — disparou Sheyla.

— Pronto. Agora sim. Era só o que me faltava. Uma japonesa do Paraguai falando comigo, doutor Antônio Heber, delegado...

Sheyla não deixou por menos e, sem papas na língua, retrucou:

— Pessoal! Entre correr o risco de me contagiar com o vírus do João e ficar ouvindo as baboseiras desse delegado, prefiro o vírus...

— Eu vou é prendê-la!

— Calma, delegado. Você não vai prender ninguém! — exclamou Fábio que, mesmo sendo pequenino, agigantava-se quando se aborrecia.

— Como é? E quem vai me impedir?

— Nós! — respondeu Rivadávia de Olinda. Vai se acalmar? Como você se autodefiniu como a única autoridade presente, que tal fazer a guarda do morto até amanhã?

— Como? Isso quer dizer passar a noite aqui? Ao lado dele? De um morto? Mas isso não faz parte das minhas atribuições...

— Não? Então, delegado, o que sugere? Trancar a porta do quarto?

— Isso! Ouçam todos! Não quero ninguém bisbilhotando neste quarto. Vou fechar a porta e ficarei de guarda. Amanhã, quando a lancha chegar, nós o entregamos para o exame no continente. Entenderam? Alguma contestação? Ou eu vou precisar repetir as minhas ordens?

— Todos entendemos e cumpriremos todas as suas determinações, doutor Antônio — finalizou Rivadávia, que, a despeito de aparentar total seriedade, esforçava-se para não sorrir com as caras de zombarias que todos ostentavam e que só o delegado não percebia.

— Ainda bem. Ainda bem. Saiam daqui agora. Eu

quero todos bem longe deste quarto.

— O senhor manda. Vamos sair, pessoal — convidou Fábio.

— E a prece, delegado? Posso fazer?

— Ah, a cozinheira Élida! Está autorizada. Pode fazer.

Após a sentida prece da cozinheira, Fábio reiterou o convite para saírem.

— Vamos sair agora. Todos.

— Todos? Sem exceção? Não precisam ir todos. Eu vou ficar sozinho aqui com o morto?

Foi quando ele percebeu que estava assinando certidão de covardia e tentou consertar.

— Não é que eu tenha medo... Mas duas pessoas para testemunhar...

— Sabemos disso, delegado. Mas o senhor vale por dois! — disparou Carminha.

Alguns minutos depois da saída do quarto onde jazia João Moreira, Melissa procurou Fábio que estava muito pensativo.

— E então, Fábio, ainda tem muitas dúvidas?

— São tantas... A morte é mesmo algo misterioso... Os gritos da doutora Nair... Muito exagerados para uma médica...

— Estou falando em dúvidas sobre mediunidade...

— Ah! Melissa, o que é mesmo mediunidade?

— Mediunidade é o conjunto de faculdades que permitem ao homem comunicar-se com o Mundo Invisível. De acordo com O *Evangelho Segundo o Espiritismo*, *"para conhecer as coisas do mundo visível e descobrir os se-*

gredos da Natureza material, outorgou Deus ao homem a vista corpórea, os sentidos e instrumentos especiais. Para penetrar no mundo invisível, deu-lhe a mediunidade". Entendeu, detetive?

— Não sou detetive! O que é um médium?

— Conforme o Codificador do Espiritismo, Allan Kardec, médium, em tese, é toda pessoa que sente, em um grau qualquer, a interferência dos Espíritos em sua mente. Essa faculdade é inerente ao homem; não constitui, portanto, um privilégio exclusivo. Pode, pois, dizer-se que todos os homens são, mais ou menos, médiuns. Mas, no dia a dia, as pessoas só qualificam como médiuns aqueles em quem a faculdade mediúnica se mostra bem caracterizada, ostensiva.

— Eu já estava pensando que médium é quem vê ou ouve as almas!

— Pensou corretamente, mas de forma incompleta. O médium é aquele indivíduo que permite a comunicação entre os dois mundos. Não se trata de alguém dotado de poderes milagrosos, não! Apenas tem a condição de permitir o intercâmbio entre desencarnados e encarnados. Segundo Chico Xavier, no livro *Pérolas do Além*, *"Ser médium não quer dizer que a alma esteja agraciada por privilégios ou conquistas feitas. Muitas vezes, é possível encontrar pessoas altamente favorecidas com o dom da mediunidade, mas dominadas, subjugadas por entidades sombrias ou delinquentes, com as quais se afinam de modo perfeito, servindo ao escândalo e à perturbação, em vez de cooperarem na extensão do bem"*.

— Você ainda não me respondeu se tem namorado! — insistiu Fábio, num rompante.

— Agora é hora de estudo. Comporte-se!

— Está bem... Mel... Posso chamá-la assim? Como saber se somos médiuns? Quero dizer médium ostensivo?

— Gostei do Mel... Como já vimos, Allan Kardec afirma que a única forma de sabermos se temos ou não mediunidade ostensiva é fazendo parte da equipe de trabalhadores de uma Casa Espírita e lá, com estudos sérios, procurarmos entender como ocorre o contato com os Espíritos.

— Espere aí... Fiquei em dúvida. Todos não temos mediunidade? Mas mesmo assim nem todos somos médiuns? E como ficam os não espíritas?

— A mediunidade não é exclusiva dos espíritas. Todas as pessoas têm mediunidade. Todas são portadores da mediunidade natural, que é o canal psíquico pelo qual recebem as influências boas ou más que estimulam as experiências do Espírito na vida terrena. Porém, literalmente, ao pé da letra, médiuns são aqueles que, de alguma forma, servem de intermediários aos Espíritos, de modo evidente, ostensivo.

— Melissa... Desculpe-me, mas ainda não ficou muito claro o que seja um médium. Desculpe insistir... Deve ser deficiência minha...

— Você está certíssimo. Nunca aceite nada porque alguém disse ou escreveu. Raciocine! Pense! Insista! Ouça o que disse o mestre de Lyon, com toda sua capacidade de concisão, em *Obras Póstumas:*

"Médiuns são pessoas aptas a sentir a influência dos Espíritos e a transmitir os pensamentos destes. Toda pessoa que, num grau qualquer, experimente a influência dos Espíritos é, por esse simples fato, médium. Pode-se, pois, dizer que todo mundo é mais ou menos médium. Contudo, segundo o uso, esse qualificativo só se aplica àqueles em quem a faculdade mediúnica se manifesta por efeitos ostensivos, de certa intensidade".

— Para ser médium, tem que ter moral elevada? Sem pecado?

— Sem pecado? Sem falhas morais? Na Terra? Então não haveria médiuns por aqui. Mas vamos nos valer novamente do O *Evangelho Segundo o Espiritismo*, que ensina:

"Há quem se admire de que, por vezes, a mediunidade seja concedida a pessoas indignas capazes de a usarem mal. Parece, dizem, que tão preciosa faculdade deveria ser atributo exclusivo dos de maior merecimento. Digamos, antes de tudo, que a mediunidade é inerente a uma disposição orgânica, de que qualquer homem pode ser dotado, como a de ver, de ouvir, de falar.

Ora, nenhuma há de que o homem, por efeito do seu livre-arbítrio, não possa abusar, e se Deus não houvesse concedido, por exemplo, a palavra senão aos incapazes de proferirem coisas más, maior seria o número dos mudos do que o dos que falam. Deus outorgou faculdades ao homem e lhe dá a liberdade de usá-las, mas quem delas abusa, terá de um dia responder por isso. Se só aos mais dignos fosse concedida a faculdade de se comunicar com os Espíritos, quem ousaria pretendê-la?".

— Para a mediunidade aflorar, depende de alguma coisa? De alguma atitude da pessoa?

— O surgimento da faculdade mediúnica não depende de lugar, idade, condição social ou sexo. Pode surgir na infância, adolescência ou juventude, na idade madura ou na velhice. Pode revelar-se no Centro Espírita, em casa, em templos de quaisquer denominações religiosas etc. E eu não tenho namorado!

— Como fica alguém que recebe um... Epa! Não tem namorado? E esse pessoal é cego?

— Não sei, mas lembre-se de que há entre nós uma enorme barreira chamada Espiritismo e da qual não abro mão... O que você ia dizendo?

— Que quem está começando a achar que o Espiritismo pode ser bonito, muito bonito, sou eu e...

— Fábio! O que você ia perguntar sobre Espiritismo?

— Ah, como fica alguém que recebe um Espírito? Você já explicou, mas como é meio assustador, eu quero mais explicações. O médium fica em seu corpo mesmo ou sai para o lado para que o Espírito possa ocupar seu corpo? E se o Espírito for um tipo meio encrenqueiro e não quiser devolver o corpo? É assustador...

— Fábio! O processo de influenciação do médium ocorre no campo mental. Tudo se dá no sentido da afinidade fluídica, estimulando a mente do médium a transmitir as sensações do invisível à sua volta. Não tenha medo de não ter seu corpo de volta, pois o Espírito não entra no corpo do médium!

— Ainda bem! Menos mal! Você disse que a

mediunidade não escolhe religião, então ela pode ser exercitada na nossa casa? Ou há inconvenientes fora da reunião mediúnica? Como é o casamento espírita? Chamam um padre? Um pastor ou é aquela presidente durona, a dona Sílvia do NEAM, quem celebra o casório?

— Isso é hora de falar em casamento? Mas só para esclarecer, não participamos de nenhum ritual. Oficializamos a união no cartório e pronto. E deixe de desviar o assunto!

— Mel... Você ficaria uma noiva linda...

— Fábio! Veja bem. É desaconselhável o exercício mediúnico fora do Centro que oferece muito mais segurança. É como indagar a um cirurgião se ele poderia operar fora da sala cirúrgica. Sim, é certo que pode, mas o paciente estaria exposto a toda sorte de riscos desnecessários.

— Vamos imaginar que se aproxime uma alma... Desculpe... um Espírito e eu não quero permitir que ele me influencie. Tenho esse poder?

— Tem. Em princípio, um desencarnado não pode se impor a um médium. Você dirige o Espírito, e não o contrário. Apenas em casos de obsessão, quando a vontade do médium está fragilizada, é que o desencarnado domina a situação e faz valer sua vontade, e não a do médium enfermo. E eu, mesmo sendo espírita, acho lindo aquele casamento de véu, grinalda e um longo vestido branco, com cauda...

— Também acho... Quem apresenta perturbação é casado?

— Casado?

— Oh, desculpe... Você começa a falar em casamento e nós nem estamos namorando...

— E quem disse que vamos namorar?

— Ninguém...

— Qual era a pergunta, Fábio?

— Quem apresenta perturbação é médium?

— Muitas vezes, ao surgir a mediunidade, a pessoa costuma dar sinais de sofrimento, perturbação, desequilíbrio. Se a pessoa se perturba ante as manifestações mediúnicas, é por sua falta de equilíbrio emocional e por sua ignorância do que seja a mediunidade, ou porque está sob a ação de Espíritos ignorantes, sofredores ou maus.

— Se aparece alguém perturbado no Centro, ele deve ser colocado no trabalho mediúnico?

— Não, querido Fábio. Não se deve colocar em trabalho mediúnico quem apresente perturbações. Primeiro, é preciso ajudar a pessoa a se equilibrar psiquicamente, por meio de passes e esclarecimentos doutrinários. Deve-se recomendar, também, a visita ao médico, porque a perturbação pode ter causas físicas. Para o desenvolvimento da mediunidade, somente deve ser encaminhado quem esteja equilibrado e doutrinariamente esclarecido e conscientizado.

— Também acho, mas acontece que nem todo mundo sabe... Por que você me chamou de querido?

— Chamei? Foi um descuido... Acho que eu estava pensando em minha mãe, Maria, do orfanato...

Voltando ao nosso assunto. Daí a importância do estudo. É bom ter em mente a necessidade de um sistematizado período de estudo doutrinário, para não se expor a uma série de contratempos e, porque não dizer, de perigos. Para esse assunto, ninguém melhor qualificado do que Allan Kardec, para apontar o caminho seguro, por intermédio de suas maravilhosas obras.

— E como desenvolver a mediunidade? — querida Melissa...

— Comporte-se! Desenvolver mediunidade não é apenas sentar-se à mesa mediúnica e dar comunicações. É apurar e disciplinar a sensibilidade espiritual, a fim de tê-la nas melhores condições possíveis e aprender a empregá-la dentro das melhores técnicas e visando às finalidades mais elevadas. Querida? Você me chamou de querida! E você tem namorada?

— Andaram dizendo que tenho...

— Andaram dizendo que você tem? E você não sabe se tem uma namorada? E por que está me paquerando?

— E estou? Ah, se tenho namorada? Não... Eu ia dizendo que andaram dizendo que eu tenho mediunidade ativa, não namorada ativa.

— Namorada ativa?

— Não! Mediunidade ostensiva...

— Há muitos espíritas, os chamados "donos da verdade", que, de forma leviana e sem qualquer indício anterior, garantem que fulano ou sicrano é médium psicógrafo, de psicofonia, de vidência etc. No entanto, os mestres da Doutrina Espírita, com Allan Kardec e Leon Denis à frente, observaram que "*não há nenhum indício pelo qual se reconheça a existência da faculdade mediúnica. Só a experiência pode revelá-la*".

— Mas, se a pessoa começar a ver as Almas... Os Espíritos?

— Fábio, a vidência é uma faculdade melindrosa por excelência. De modo algum deve ser provocada, a menos que se deseje sugestionar-se de que está vendo alguma coisa, elaborando então os chamados clichês mentais, a ideoplastia (a ideia plasmada na mente pela vontade).

— Ideoplastia? É um nome bonito...

— É bom não esquecer que o pensamento é criador, constrói, realiza, mesmo que não concretize materialmente aquilo que mentaliza. Em outras palavras, tudo pode ser criação mental e não uma imagem do Mundo Espiritual.

— Você fala muito em educar, em desenvolver a mediunidade. Como fazer isso? Para quê? Repetindo...

— Educar implica na permanente reeducação dos sentimentos e na moralização do médium. Mediunidade não é e não pode ser uma simples aventura psíquica e sua prática inadequada está sujeita a graves dissabores, caso não sejam observadas ou conhecidas suas leis. A correta educação mediúnica se dá com absoluta segurança pelo estudo das obras de Allan Kardec, sobretudo de *O Livro dos Médiuns*, em uma Casa Espírita idônea, devidamente preparada para tal.

— Há alguns obstáculos que podem dificultar

bastante a prática, ou melhor, o início da educação mediúnica do nosso namoro. Quando a gente começar o namoro e... Desculpe-me! Começar a desenvolver a educação mediúnica do nosso namoro? Essa foi ótima... Estou misturando tudo...

— Finalmente, o que você pretende dizer ou saber? — indagou Melissa, achando deliciosa a forma como Fábio estava se enrolando.

— Eu pensei em dizer dificultar a prática da mediunidade!

— O maior obstáculo é a ignorância ou o desconhecimento de suas leis. Disso resulta sua utilização incorreta e irresponsável, trazendo prejuízos e dissabores ao médium e a quem lhe recorre às faculdades. O empecilho maior ao nosso namoro é o Espiritismo que você não admite e assim encontramos os pretensos "resolvem tudo", pessoas de índole fanática, fascinados, os espíritas "donos da verdade" etc. Ai, agora fui eu quem misturou tudo. Pare de falar em namoro!

— Já parei... Se eu entendi, é indispensável que o médium procure educar sua mediunidade e se moralizar...

— Isso! O correto exercício da mediunidade faculta o intercâmbio racional e produtivo entre os mundos físico e a espiritual. Assim, o médium educado e moralizado, consciente das reais finalidades de seus dons, torna-se precioso instrumento de auxílio e esclarecimento. Por seu intermédio, é permitido que os bons Espíritos desencarnados enviem mensagens esclarecedoras, ao mesmo tempo em que auxilia e ameniza aflições de Espíritos em desequilíbrio e sofrimento.

— Caso contrário...

— Caso contrário, todo médium negligente, descuidado de sua reforma íntima, torna-se presa fácil dos Espíritos inferiores, causando prejuízos a quem lhe recorre às faculdades, além de perder excelentes oportunidades de reparação e elevação, pois se compromete com as Leis Divinas.

— É... Não sei se vou querer ser médium...

Melissa riu com vontade. E à queima-roupa disparou:

— Quer dizer que você não pensa mesmo em se casar?

Antes que precisasse responder, Fábio foi salvo pela chegada de Carminha, que se sentou e começou a tagarelar. Ele indagou de Carminha se ela poderia adiantar alguma coisa a mais sobre Espiritismo, além do que já lhe dissera Melissa. A amiga não se fez de rogada.

— O clima não é dos melhores para falar sobre a nossa maravilhosa Doutrina dos Espíritos, mas como se trata de um assunto de capital importância, como mediunidade, não há tempo ou lugar ruim. Você leu os livros que lhe emprestei? Alguma dúvida em especial?

— Apenas umas perguntinhas. Posso iniciar?

— Claro!

Capítulo XIII

O morto sumiu

No dia seguinte, sob a direção do mordomo Geraldo que as comandava, Mônica e Élida, que pareciam bem à vontade nas suas funções, serviram o café. Como se prevendo alguma coisa desagradável, os que estavam presentes pouco ou quase nada falavam. O lugar vazio, que na noite anterior fora ocupado por João Moreira, parecia alertá-los de que algo não estava bem.

O inquietante silêncio foi quebrado pela chegada intempestiva de Antônio Heber. Desesperado, o delegado gritou:

— Fomos enganados!

— Enganados? Quer explicar melhor? — indagou Rivadávia.

— Simples! Não estamos em Fernando de Noronha! Isso aqui não passa de uma insignificante ilhota perdida no meio do nada! — falou Antônio, enquanto arriava na cadeira seus cento e vinte quilos — sem que o peso da sua consciência fosse computado!

Todos correram para fora e o que constataram deixou-os entregues aos mais diversos sentimentos, mas nenhum deles otimista! Ao invés das paisagens paradisíacas que todos haviam visto nos cartazes das agências de turismo, o local não passava mesmo de uma pequena ilha, que tinha como única construção a casa onde estavam. É que haviam desembarcado à noite, daí não terem percebido nada. A pergunta que não calava era: *o que estava acontecendo?* E como se tivessem ensaiado, os assustados passageiros gritaram quase que em uníssono:

— O que está acontecendo?

Aparentemente calmos, apenas Fábio, Rivadávia de Olinda e Geraldo, o mordomo. Como Geraldo percebeu que Fábio era o mais controlado, cochichou algo no seu ouvido. Fábio olhou para o mordomo atentamente e depois chamou a atenção de todos.

— Pessoal! O Geraldo deseja nos falar.

Todos os olhares convergiram para Geraldo, mas antes que este pudesse emitir uma única palavra, Antônio vociferou, dedo em riste:

— Ele deve saber! Deve ser um cúmplice ou mesmo o próprio responsável pelo que está acontecendo.

— Calma, Antônio, vamos ouvir o que Geraldo tem para nos relatar. Era a voz cordata de Rivadávia.

— Tudo bem, pois acredito que ele vai contar tudo. Afinal ele é um mordomo e os mordomos sempre sabem de tudo e têm alguma culpa no cartório.

— Para um delegado, você quase chega a ser bobo! Era Sheyla Akemi, que não se preocupava em pôr panos quentes nos problemas. Deixe o homem falar!

— O quê? Quem é você para...

— Cale-se! — gritaram quase todos e o delegado teve de engolir em seco.

Geraldo limpou a garganta com um leve pigarro e começou:

— Bem... A dona Mônica foi arrumar os quartos dos senhores e encontrou um envelope em cima de cada travesseiro. Não sabemos o que está escrito, mas tem o nome de todos nós...

— Todos nós? Isso inclui você?

— Sim, senhor Fábio. Ao voltar para a dependência dos empregados, ela encontrou também envelopes dirigidos a ela e à dona Élida. Eu já havia encontrado o meu e...

— Onde estão os envelopes? — questionou o irascível Antônio.

— Comigo, mas antes eu gostaria de explicar que...

— Explicar? Um mordomo? Um simples mordomo explicar? Ninguém precisa de suas explicações!

Se ao falar isso o delegado tivesse se dado ao trabalho de olhar para o mordomo, provavelmente não faria mais aquilo. O olhar de Geraldo parecia fulminá-lo.

— Cale-se, delegado Antônio. Em que você é melhor do que Geraldo? Estamos todos no mesmo barco. Fale Geraldo. Era Fábio, bravo.

— Olhe aqui, seu Fábio...

— Cale-se, Antônio. Fale, Geraldo.

— É que... insistiu Antônio.

— Cale-se! — gritaram todos os presentes, mais uma vez.

— Mas...

— Cale-se! — repetiram todos.

— Pode falar, Geraldo — incentivou Fábio.

— É que os nomes escritos nos envelopes não batem com o conteúdo...

— Como assim? — perguntou Carminha.

— Dona Carminha, o envelope que estava no meu quarto, com meu nome nele, na realidade, o que está escrito no bilhete que está dentro, diz respeito ao doutor Fábio; o de dona Élida fala sobre dona Melissa e o de dona Mônica fala da senhora... Por extensão, acredito que todos devem estar trocados. Eis os envelopes.

Depois de cada um receber o que tinha seu nome na parte externa, ficou claro que realmente estavam trocados. Antônio já ensaiava um drama para saber quem estava com o que falava sobre ele, quando Geraldo completou.

— Ainda tem mais uma coisa. No meu travesseiro havia outro envelope para mim e, dentro dele, uma espécie de aviso no qual está escrito que os conteúdos dos envelopes devem ser lidos em voz alta, para que todos nos conheçamos bem, antes de... Antes de...

— Antes de quê? — indagou Fábio.

— Vamos, mordomo! — berrou Antônio.

Geraldo parecia assustado. Respirou fundo e soltou aos borbotões:

— Antes de morrermos um a um! Todos!

Um sepulcral silêncio apossou-se de todos.

— Morrermos? Mas o que fizemos? — indagou Mônica — desesperou-se.

— Estamos perdidos! — gritou Antônio, com os olhos teimando em saltar das órbitas.

— Meu Deus! Terá sido a minha lista? — indagou Carminha, que parecia assustada.

— Não, eu não acredito, pois há pessoas que não estão na lista... respondeu Fábio.

— Lista? Lista de quê? Eu exijo explicações e agora! — disparou Antônio, absolutamente apavorado.

— Delegado Antônio! Ou você se controla e se coloca como qualquer um dos presentes, ou eu vou sugerir aos meus companheiros, para amarrá-lo em uma cadeira e com a boca amordaçada, para não nos cansar com tantas tolices — ameaçou Rivadávia.

Antônio deu um passo em direção a Rivadávia, mas notou que os demais começavam a cercá-lo. Parou e contemporizou.

— Está bem... Eu me excedi! Desculpem, foi o nervosismo.

— Por que a gente não abre todos os envelopes e descobre de que se trata? Quem sabe se não descobrimos alguma coisa? — sugeriu Melissa.

— Isso, Melissa. É uma boa ideia. Quem começa a leitura? — organizou a prática Carminha.

— Eu posso começar. Era Antônio, querendo recuperar o respeito dos companheiros.

Enquanto todos ainda se preparavam para ouvir a leitura do conteúdo dos envelopes, Élida e Mônica, as domésticas contratadas para o seminário, conversaram animadamente, parecendo despreocupadas com as ameaças ou não as entenderam...

— Você viu, Élida, aquela mocinha, a Sacha, fingindo? Que coisa mais feia! Por que ela fez aquilo?

— Fingindo? De onde você tirou esta ideia?

— De onde? Ora, eu tirei do que vi! Ela começou a falar com uma voz diferente, grossa e como se fosse outra pessoa!

— Mas era outra pessoa! Era um Espírito e...

— Espírito? E você acredita nisso?

— Não, eu não acredito simplesmente. Eu sei! E sei que os Espíritos existem porque eu, você e todo ser humano também somos um.

— Como é? Eu sou um Espírito? Élida, você deve ter cozinhado o seu juízo com as refeições.

— Mônica, Mônica... Não brinque com o que você não conhece; não critique algo que você não analisou...

— Mas não é preciso! Aquilo foi fingimento da jovem Sacha e essa coisa de alma do outro mundo é história para boi dormir...

— Mas por que Sacha faria isso?

— Talvez para ser o centro das atenções. Essas moças de hoje... Ainda mais ela que é toda metida por que é secretária da FEO.

— Mônica, você sabia que a jovem Sacha também não acredita em Espíritos?

— Ah, então tudo se encaixa. Tanto não acredita que se dá ao luxo de brincar com a sua existência. Não tem nem receio...

— Em outras palavras, você acha que Espiritismo é o quê?

— Espiritismo? Sei lá... Deve ser mais uma religiãozinha qualquer, que alguém inventou...

— Minha querida amiga! A gente vive de uma forma tão corrida que a maioria não dá a mínima para os problemas da própria existência. Em primeiro plano sempre estão seus negócios, seus prazeres, seus problemas particulares.

— E estão erradas? É a lei da selva, minha querida colega, onde o mais forte sobrevive!

— Você está errada e fazendo parte do time dos que acham que questões como "a existência de Deus" e "a imortalidade da Alma" são da competência de sacerdotes, pastores, dirigentes espíritas e teólogos.

— Lógico! Eles que quebrem a cabeça para nos explicar!

— Isso seria ótimo se tudo fosse sempre legal, correto, equilibrado. Mônica, quando tudo vai bem, as pessoas nem se lembram de Deus e, quando lembram, é apenas para fazer uma oração — invariavelmente para pedir — ou ir à igreja, como se tais atividades fossem meras obrigações das quais todos têm de se desincumbir.

— Não estou entendendo, Élida e... Desculpe-me, mas esse papo é chato à beça!

— Deixe-me concluir. Muitas pessoas, na realidade, não confiam nem na religião que seguem e vivem com sérias dúvidas a respeito de Deus e da continuidade da vida após a morte.

— Ainda não entendi onde é que entra o tal Espiritismo...

— Mônica, quando as pessoas são surpreendidas por algum problema, um prejuízo financeiro, a perda de um ente querido, uma doença incurável etc., e não dispõem da fé, nem da compreensão para enfrentar o problema com coragem e resignação, terminam caindo invariavelmente no desespero.

É aqui, querida Mônica, que entra o Espiritismo, pois conhecê-lo abre uma visão ampla e racional da vida, explicando-a de maneira convincente, ensinando-nos a resignação e permitindo que iniciemos a indelegável reforma íntima que nos aproxima de Deus.

— Vamos dizer que você esteja certa... Mas, de uma forma mais direta, de que trata o Espiritismo?

— O Espiritismo responde às questões fundamentais de nossa vida, como por exemplo:

— Por que alguns nascem ricos e outros pobres?

— Por que alguns nascem cegos, aleijados, débeis mentais etc., enquanto outros nascem inteligentes e saudáveis?

— Por que Deus permitiria desigualdade entre Seus filhos?

— Depois da morte, o que você será?

— Por que de três pessoas que viajam no mesmo carro — por exemplo — após um acidente, uma perde a vida, outra fica gravemente ferida e a terceira escapa sem ferimentos? Por que sortes tão diferentes? Onde está nisso a Justiça de Deus?

— Por que você está neste mundo?

— Por que umas pessoas sofrem mais do que outras?

Perguntas como estas, a Doutrina Espírita responde, porque são os questionamentos que todos fazemos para nós mesmos, ao contemplarmos tanta desigualdade e tantos destinos diferentes na vida atribulada de nosso planeta.

— Nossa! Mas, em resumo, o que é o Espiritismo?

— O Espiritismo é uma doutrina revelada pelos Espíritos superiores por intermédio de médiuns, e organizada por um educador francês Allan Kardec, em 1857. Há pouco completou 150 anos.

— Eu percebo como você se entusiasma...

— Claro que me entusiasmo! E sabe por quê? Por que o Espiritismo é ciência, porque estuda, à luz da razão e dentro de critérios científicos, os fenômenos mediúnicos, isto é, fenômenos provocados pelos Espíritos e que não passam de fatos naturais.

— Você está querendo dizer fenômenos sobrenaturais?

— Mônica, não existe o sobrenatural no Espiritismo, pois todos os fenômenos, mesmo que aparentemente estranhos, têm explicação científica. São de ordem natural.

— Mais alguma coisa?

— O Espiritismo também é uma filosofia, porque, a partir dos fenômenos espíritas, dá uma interpretação da vida, respondendo a questões como "de onde você veio", "o que faz no mundo", "para onde vai, após a morte", como vimos há pouco. Toda doutrina que dá uma interpretação da vida, uma concepção própria do mundo, é uma filosofia.

— Mas...

— E, finalmente, o Espiritismo é uma religião, porque ele tem por finalidade a transformação moral do homem, sua reforma íntima, retomando, religando os homens a Deus, pelos ensinamentos de Jesus, para que sejam aplicados na vida diária de cada pessoa. Em resumo, como você pediu, o Espiritismo revive o Cristianismo na sua mais pura e verdadeira expressão de Amor e Caridade.

— É... Ouvindo você falar, até que dá vontade de conhecer... Mas posso falar outra coisa que não tem nada a ver com Espiritismo?

— Claro!

— Você prestou atenção no mordomo?

— Geraldo? O que tem ele?

— Ele é bem bonitão... Será que ele já tem alguém na vida dele?

— Por que não pergunta? Aliás, eu notei que ele também tem dado umas olhadinhas para você...

— Sério? Élida! Você está de brincadeira comigo?

— Não, mas é melhor você não se animar muito.

Eu o acho meio esquisito, estranho... Não sei bem o que é... O olhar talvez...

— O olhar? Também, com uns olhos bonitos daqueles... Quando ele me fita, olho no olho, eu confesso que fico meio arrepiada.

— Bem, Mônica, vamos esquecer o Geraldo por enquanto e trabalhar?

— É o jeito, não é?

Capítulo XIV

As vítimas

Para cortar a corrente negativa de pensamentos que angustiava a todos os apreensivos "ilhéus", Fábio, temendo que surgisse uma crise coletiva de histeria e desespero, decidiu interferir, chamando todos para uma reunião que se fazia necessária e determinou que Antônio começasse a leitura do conteúdo do seu envelope.

— Comece, Antônio — ordenou Fábio, que assumira a liderança daquele grupo tão heterogêneo. Ele iniciou a leitura.

— *Sheyla Akemi vai morrer por tentar tomar o lugar de Rivadávia na Tenda. Noyram.*

— Noyram? Mas é o mesmo nome da pessoa que me convidou para o seminário! — revelou Melissa.

Em seguida, os outros envelopes foram abertos e lidos em voz alta. Todos estavam assinados por Noyram:

— *Rivadávia vai morrer, porque abandonou sua verdadeira religião, a sua crença, por conta da inveja e da vaidade;*

— Geraldo vai morrer por ser egoísta, achando-se instrumento da justiça;

— Carminha vai morrer porque desejou a morte de oito pessoas.

— Sacha, Melissa, Antônio, Fábio, João Moreira e Élida vão morrer porque estão na Lista dos Indesejáveis;

— A doutora Nair vai morrer porque forneceu atestados de saúde falsos.

Após um silêncio quase interminável, os gritos e imprecações brotaram de forma avassaladora. Que enorme balbúrdia! Todos ou quase todos procuravam se defender das incríveis acusações do misterioso Noyram. Alguns juravam que aquelas acusações eram falsas e outros nada falavam, porque estavam assustados demais para isso.

Depois de algum tempo, Fábio conseguiu acalmar o grupo e começou a planejar os próximos passos. Se alguém planejara matá-los, como faria isso?

Era sábado, e a comida existente só daria para mais um dia. Será que o plano seria deixar que apodrecessem naquela ilhota? Para morrerem de fome? O iate retornaria com víveres? E a água, seria potável ou estaria envenenada? A água mineral que tomavam era de dois garrafões de 20 litros e a água da torneira provinha de um tanque de amianto de 5.000 litros, cuja água estava esverdeada e com péssima aparência.

Fábio e o mordomo José Geraldo eram os mais lúcidos e controlados do grupo. Depois de pensar um pouco, Fábio chamou a atenção dos demais.

— Pessoal! Precisamos nos organizar melhor, se é que desejamos resolver esta situação. Há algumas perguntas que precisam ser respondidas e, se vocês concordarem, vou distribuir alguns grupos para que busquem as soluções, está bem?

Todos concordavam. Antônio, que recobrara um pouco de coragem, se levantou arrogantemente e perguntou:

— Quem nomeou você como nosso líder?

— **Nós!** — responderam todos os presentes. E, o simulacro de delegado, sentindo-se derrotado, procurou uma cadeira na qual se sentou emburrado, como uma criança a quem tomaram o brinquedo.

Fábio retomou a questão.

— Vejamos... Quem é Noyram? Será apenas um blefe? E sendo verdade, como ele pretende nos matar? Quem colocou os envelopes nos quartos? Caso tenha sido o tal de Noyram, onde ele se esconde? O Hades vai voltar? Alguém trouxe celular? Caso positivo, é possível ligar daqui? No momento, devemos tentar responder a essas perguntas. Vamos nos separar e depois nos reunimos para ver o que conseguimos. Concordam?

— Não! — gritou Antônio.

— Sim! — responderam todos os outros.

— Esperem... — pediu Mônica Bezerra, a arrumadeira.

— Fale, dona Mônica! — disse-lhe Fábio.

— Bem... Não sei se vocês notaram...

— Se uma simples doméstica notou, qualquer

um de nós deve ter notado também. Era Antônio, autenticando a firma da sua intolerância e grosseria.

— Cale-se, delegado. Você não se cansa de ser mal educado? — perguntou Mônica.

— Não com gente como você, uma simples cozinheira! Além do mais...

— Se você continuar, nós vamos amordaçá-lo! — ameaçou Geraldo, para espanto de todos que o achavam incapaz sequer de altear a voz.

Antônio viu nos seus olhos, que ele cumpriria a promessa, pois todos o apoiavam. Resolveu calar-se.

— De que se trata, dona Mônica?

— Obrigada, Geo... Desculpe-me... Geraldo... Seu Fábio... É a leitura... O senhor notou?

— Notei o quê?

— Meu nome... Por que o meu nome não foi lido? Talvez por que eu não vá morrer e...

— Está presa! Levante os braços! Eu sou a única autoridade presente e o fato de seu nome não estar entre os ameaçados indica claramente que a senhora é a autora dos bilhetes e a assassina de João Moreira.

Enquanto Mônica caía em prantos e era amparada por Élida, alguns componentes do grupo lançaram olhares de dúvida à arrumadeira e outros pareciam absolutamente certos de que ela fora esquecida por Noyram.

O intolerável delegado Antônio tirou um par de algemas do bolso e dirigiu-se até Mônica. Até que viu que entre ele e sua "prisioneira" estava Geraldo, que, de forma imperturbável, mas que não disfarçava uma ameaça velada e sombria, apenas disse:

— Acho melhor o senhor não fazer isso.

O delegado pensou, pensou e, mais uma vez, ao fitar o mordomo nos olhos, sentiu medo.

— Por enquanto vou deixá-la livre, já que você pediu. Mas só porque estamos em uma ilha e ela não tem para onde ir — justificou-se e voltou para seu lugar.

— Pessoal, conforme o planejado, vamos nos separar e voltaremos a nos reunir aqui, quando todos tiverem cumprido as suas tarefas — disse Fábio, reassumindo o controle da situação e pondo ordem na casa.

Algumas horas depois, as respostas eram desanimadoras. A ilhota era tão pequena que, em cima de uma pedra mais alta, se via toda sua extensão e não havia como alguém se esconder. A casa e a ilhota foram viradas e reviradas; não havia portas ou entradas secretas, onde o misterioso Noyram pudesse esconder-se; os celulares não funcionavam; não era certeza, mas ao lado do tanque de amianto, que continha toda a água da ilha, havia vários pássaros mortos, o que poderia indicar que a água estava envenenada.

Um assustador e visível desânimo em uns e o início de desespero em outros começou a tomar vulto. E se o iate não retornasse? Iriam morrer ali? De fome e sede? Sem qualquer possibilidade de salvação?

— Eu estou me lembrando das ameaças daquele irmão... Júlio Pereira — comentou Carminha.

— O que foi mesmo? Repita agora! — esbravejou Antônio.

Carminha respirou fundo, provavelmente contando até dez para não perder a calma com o delegado e começou a repetir algumas afirmações do Espírito Júlio:

— ... *Os espíritas pregam, entre outras coisas, o perdão, a resignação ante as adversidades da vida e que não existe morte.*

... *Pois eu sou tão bom, que estou lhes oferecendo uma sensacional e imperdível oportunidade de pôr em prática o que a "maravilhosa" Doutrina Espírita ensina: Fé! Perdão! Resignação! Amor! Etc. etc. etc.*

— *Agradecer? Pela destruição de vocês? Está maluca? Você ainda não percebeu que são as minhas presas? Que vocês estão nas garras de um matador? De um caçador? Um Caçador de Espíritas?*

Fez-se um tumular silêncio, cada qual imaginando o que aconteceria, quando...

— E se acendermos uma fogueira? — sugeriu Antônio.

Todos se voltaram para ele surpresos e foi Fábio quem falou:

— Finalmente uma ideia digna de um equilibrado delegado de polícia! Vamos juntar bastante lenha para mantê-la acesa, inclusive, se for o caso, com móveis da casa.

— E se fizermos um SOS bem grande no chão, com lençóis, para a possibilidade de passar algum avião?

Fora Sacha, que mesmo muito tímida e calada, tivera aquela boa ideia, que foi enaltecida por todos.

— Mãos à obra! — comandou Fábio.

Algum tempo depois, uma boa fogueira começou a consumir os móveis da casa, pois na ilha não havia praticamente madeira e os lençóis, presos com pedras para o vento não levar, emitiam um angustiado e silencioso pedido de socorro.

À noite, sob a orientação do mordomo Geraldo, a comida foi reduzida, bem como o consumo de água. Fábio parecia exageradamente calado e preocupado.

— O que está havendo, Fábio? Algo que nós não sabemos? Por que não divide conosco as suas preocupações? — perguntou Melissa.

— Nada...

— Alguma coisa está lhe preocupando... O que é? É algo que ainda não notamos?

— Bem... Na realidade...

— Fale de uma vez, homem! — pediu Rivadávia.

Naquele momento, todas as atenções se voltaram para Fábio.

— Querem mesmo saber?

— Claro! — responderam em coro.

— Chega a ser evidente e estranhei ninguém ter pensado nisso. Se não há como alguém se esconder na ilha, nem na casa, e hoje pela manhã, enquanto tomávamos café ou quando saímos para ver que havíamos caído em uma armadilha, alguém colocou os envelopes nos nossos quartos, a conclusão é óbvia: Noyram, que está ameaçando matar a todos...

— Sim?

— É um de nós!

— É um... Um de nós? — gaguejou Antônio.

— Duvida?

— Não e deve ser o mordomo! — acusou o incontrolável Antônio.

— Por que é o Geraldo? — questionou Sheyla Akemi.

— Ora, porque ele é o mordomo — respondeu Antônio. Além do mais, ele é um desconhecido...

— Isso não é motivo para tornar alguém suspeito. Aqui há outros desconhecidos. Aliás, até que prova em contrário, todos somos suspeitos — concluiu Élida.

— Posso falar, senhor Fábio? — solicitou Geraldo.

— Claro! Não se importe com o delegado. Ele às vezes fala sem pensar.

— Eu sei. Mas o que quero falar é outra coisa. Qualquer um de nós poderia ter trazido as cartas e hoje de manhã as ter colocado nos quartos. Isso significa que Noyram não precisa estar presente, necessariamente, mas que ele tem um cúmplice aqui.

— É verdade... Confesso que eu não havia pensado nesta hipótese.

Mônica deu uma cotovelada em Élida e comentou baixinho:

— E ainda por cima é inteligente! Bonito, alto e inteligente!

Élida abafou um grito de dor e respondeu:

— Pode ser, mas começou mal, pois deu a você oportunidade de quase fraturar uma costela minha...

Ambas riram e depois, ao observar o olhar duro de Rivadávia, que parecia pedir silêncio, calaram-se, sérias.

— Bem, isso não muda nada. O que vamos fazer? Precisamos tentar alguma coisa. Não é meu estilo ficar parado esperando a morte chegar... — falou Rivadávia.

— Você tem alguma sugestão, Rivadávia?

— Não... Apenas que ninguém deve isolar-se. Acredito que o melhor seja ficarmos em duplas.

— Ou, já que ele é um homem, separamos homens e mulheres! — disse Antônio, esforçando-se para ser útil.

— Quem nos garante que é um homem? — indagou Fábio.

— O nome! É nome de homem.

— Delegado! Ele poderia ter assinado aqueles convites como Cleber, Clóvis, Cleyton, como Rossana, Morgana, Elza Meira, Josilene, Rosana Cláudia e as três Danielas: Freire, Nunes e Alves. Mas isso também não garantiria qual seria o seu sexo!

— Esse cara é mesmo um delegado? — perguntou Rivadávia.

— Sou sim. Qual a dúvida?

— É muita incompetência junta!

— Ora, seu...

— Fique onde está, Antônio. O momento é de união e não de ridículas demonstrações de força. Agora, é hora de nos recolhermos aos nossos quartos. Sugiro que cada um feche bem a sua porta. Se alguém bater na nossa porta, mesmo que se identifique, não abriremos, a não ser que sejam duas pessoas — determinou Fábio.

— Não entendi...

— Antônio, se eu bater na porta do seu quarto e disser meu nome, não abra, pois posso ser Noyram. Se, além de mim, outra pessoa estiver ao meu lado, pode abrir e, mesmo assim, com muita cautela.

— Ah, agora ficou fácil...

— Meu Deus! Que asno! — suspirou Rivadávia de Olinda.

— Vamos dormir? — sugeriu Melissa, esgotada por tantas e inesperadas emoções.

Capítulo XV

Mais dúvidas

No quarto, mesmo em meio a tantos problemas, Carminha lembrou-se de que se preparara para responder às dúvidas de Fábio, quando ouviu o grito. Chamou-o e preparou-se, pois o conhecia bem e sabia que quando se interessava, ele ia fundo...

— Bem, Carminha, ainda sobre mediunidade... Haverá um limite para o desenvolvimento mediúnico?

— Sempre haverá a necessidade de aprimoramento intelectual, emocional e moral. Haverá sempre o que aprender, o que aperfeiçoar, o que burilar, a fim de atuar sempre mais e melhor em seu campo de ação.

— Existe limite de idade para o aparecimento da mediunidade em um indivíduo?

— Já vimos isso, mas vou explicar novamente. Não há qualquer limite de idade para o aparecimento da mediunidade em uma pessoa. Kardec é bastante claro a esse respeito quando afirma que *"ela se manifesta nas crianças e nos velhos, em homens e mulheres, quaisquer que sejam o temperamento, o estado de saúde, o grau de desenvolvimento intelectual e moral".*

— Isso se aplica também à prática mediúnica?

— Boa pergunta, Fábio. No que diz respeito à prática mediúnica, aí sim, deve-se ter os necessários cuidados, para que não sejam conduzidas quaisquer pessoas à mesa de exercícios mediúnicos. Crianças e doentes psiquiátricos, além de portadores de outras enfermidades graves, devem ser mantidos fora dessas atividades que exigem intensa dinâmica psíquica, o que poderia acarretar desnecessários distúrbios para o indivíduo, mercê da sua situação ou falta do preparo necessário.

— Qual é o melhor meio de exercitar a mediunidade?

— O melhor meio para exercitar a mediunidade é ingressando nas fileiras de trabalhadores de uma Casa Espírita idônea, que prime pelos estudos em todos os sentidos. Sem o estudo sério, disciplinado e a reforma interior, a possibilidade de cair sob a influência dos Espíritos enganadores é muito grande.

— É correto falar-se em incorporação?

— A Sacha fez a mesma pergunta à Sheyla. Não, Fábio. Nenhum estudioso do Espiritismo, hoje em dia, irá supor que um desencarnado possa entrar no corpo de um médium, como se poderia admitir em um passado não muito distante. O fato de se usar o termo "incorporação", nos meios espíritas, também se deve à sua abrangência. Comumente, é proposto o termo psicofonia; contudo, para muitos, a expressão estaria indicando somente o fenômeno da fala, como na psicografia, quando temos apenas a escrita.

— Existe mesmo a cura pela mediunidade?

— Existe. A mediunidade de cura consiste no dom que possuem certas pessoas de curar pelo simples toque, pelo olhar, mesmo por um gesto, sem o concurso de qualquer medicação. (*O Livro dos Médiuns* — Cap. 14, item 175).

— E até deve sair mais barato do que os médicos pedem!

— Está errado. É necessário que fique bem claro que a mediunidade curadora não substitui a ação da medicina terrena, para atender às necessidades humanas. Os casos em que a medicina mediúnica interferirá, com muitas possibilidades de êxito, serão aqueles a respeito dos quais a medicina convencional silencia, ou afirma a sua impotência.

— Dessa forma, quando isso acontece, entra a medicina espiritual e resolve tudo! É isso?

— Não! A medicina dos Espíritos não cura tudo, nem todos, do mesmo modo que, não obstante as Suas maravilhosas curas, Jesus Cristo não curou tudo, nem curou a todos.

— Jesus? Por quê? Por que era demais para Ele?

— Fábio, há casos em que a doença já é o grande remédio e o que a pessoa mais precisa. E é evidente que Jesus sabia disso por excelência.

— Isso aí você me explica depois... Existem médiuns que possuem diversas mediunidades?

— De novo eu recorro ao maior tratado já escrito até hoje sobre a mediunidade, *O Livro dos Médiuns*: *"Um médium pode ter muitas aptidões, havendo, porém, sempre uma dominante. Em erro grave incorre quem queira forçar de todo modo o desenvolvimento de uma faculdade que não possua"*. (*O Livro dos Médiuns* – Cap. 16, item 198).

— Carminha, se a mediunidade deve surgir naturalmente, há mesmo necessidade de estudo para o seu exercício?

— Para quem pretende qualificar a sua atuação mediúnica, dando-lhe lucidez e utilidade benéfica, o estudo é fundamental. A Codificação Espírita afirma a importância do estudo para os médiuns, quando diz: *"As reuniões de estudo são, além disso, de imensa utilidade para os médiuns de manifestações inteligentes, para aqueles, sobretudo, que seriamente desejam aperfeiçoar-se e que a elas não comparecem dominados por toda presunção de infalibilidade"*. (*O Livro dos Médiuns* – Cap. 29, item 329).

— Agora eu posso perguntar um pouco sobre a tal Reencarnação?

— Se eu souber...

— O que é reencarnar e para que serve?

— Reencarnar, caro amigo, é voltar a viver em um novo corpo físico. É uma nova oportunidade de aprendizado, como prova do Amor de Deus para nós, Seus filhos. A reencarnação é a mais pura explicação racional para as desigualdades sociais existentes no mundo.

— Quanto tempo leva entre uma reencarnação e outra?

— Não há tempo definido, pois vai depender da necessidade do Espírito em depurar-se, expandindo seus conhecimentos intelectuais e morais, passando por provas e expiações. Quanto mais endividado com a Lei de Deus, menos tempo permanece o Espírito no Mundo Espiritual.

— Confesso que não entendi bem...

— Digamos que aqui na Terra seja o local onde se pagam as contas e se conseguem novas oportunidades de crédito. Quando a pessoa tem muitas dívidas e deseja novos créditos, o Espírito reencarna mais frequentemente e em menor espaço de tempo, pois quer se ver livre dos débitos e deseja abrir novas possibilidades para sua felicidade. Portanto, o tempo que separa as encarnações depende da condição evolutiva do Espírito.

— Quantas reencarnações nós tivemos e quantas ainda teremos?

— Não se pode precisar o número de reencarnações que uma pessoa já teve, pois isso depende do estado evolutivo em que se encontra o Espírito. Uns evoluem mais rápido por seu maior esforço e outros são mais lentos permanecendo mais tempo sofrendo. Tudo depende de nós. Quanto mais rápido progredirmos moral e intelectualmente, menos encarnações teremos. Quando nosso Espírito tiver alcançado todos os graus de evolução moral e intelectual, seremos Espíritos puros.

— E quando chegarmos à condição de Espíritos puros, o que faremos? E... Espere! Até o Antônio vai ser um Espírito puro?

— Todos! Inclusive Antônio. Os Espíritos puros são os encarregados de cumprir os desígnios de Deus, colaborando com a manutenção da ordem universal. Seremos Seus mensageiros nos mais diversos mundos habitados. O trabalho nunca acabará, pois a Criação Divina é incessante e há diversos mundos em faixa de evolução diferentes. Os Espíritos fazem parte do conjunto de inteligências que governam o Universo.

— Atingida a perfeição, o Espírito ainda precisa reencarnar?

— A reencarnação é uma necessidade da alma imperfeita que, pelas experiências na matéria, aprende o que necessita para sua definitiva libertação da ignorância. Os Espíritos puros não necessitam mais dessa experiência, pois já atingiram seu objetivo. Só reencarnam nos mundos materiais para cumprir missões de grande importância, nas regiões onde houver necessidade. O maior exemplo de encarnações missionárias é Jesus.

— Por que não nos lembramos das nossas vidas passadas?

— O esquecimento temporário das vidas passadas é uma necessidade. Não devemos nos lembrar das vidas passadas enquanto estamos encarnados, e nisso, mais uma vez, está a Sabedoria de Deus. Se lembrássemos do mal que fizemos ou dos sofrimentos que passamos, dos inimigos que nos prejudicaram ou daqueles a quem prejudicamos, não teríamos condições de viver entre eles atualmente. Pois, muitas vezes, os inimigos do passado hoje são nossos filhos, irmãos, pais e amigos, que se encontram junto de nós para a reconciliação.

— Então não há como saber o que fomos?

— Às vezes, quando desencarnados, se houver alguma utilidade. Allan Kardec nos mostra com coerência e bom senso, que não devemos buscar saber o que fomos em outras vidas. Todos os Espíritos estão sujeitos à lei de evolução e, por isso, quando voltamos ao passado, na maioria das vezes nos deparamos com situações morais bem piores do que aquela em que atualmente nos encontramos.

— Eu li alguma coisa sobre o Umbral... Os líderes umbralinos também organizam as reencarnações dos seus seguidores?

— As encarnações dos Espíritos obedecem, como tudo, a uma lei. É evidente que tudo se fundamenta em uma ordem universal e seria acreditar na existência de uma bagunça celeste, pensar que a programação da vida de um ser imortal pudesse ser feita por entidades sem nenhum compromisso com o Bem e com a Lei de Deus.

— Mas eu conheço pessoas que parecem que vivem com a única missão de propagar o mal! Como esse tal de Caçador de Espíritas!

— As encarnações, assim como tudo no Universo, obedecem a um projeto divino, mesmo que aparentemente possa parecer o contrário. Mas nada acontece sem que o Criador permita. O Caçador de Espíritas também é um irmão nosso que temporariamente está trilhando por um caminho extremamente perigoso para os outros, mas principalmente para ele mesmo.

Geraldo, que ia passando, parou e, após ouvir um pouco, aproximou-se respeitoso. Pedindo licença aos dois, indagou:

— Eu poderia perguntar algo?

Com a anuência dos dois, ele pigarreou e disse:

— É só uma perguntinha... Então, se entendi direito, se alguém é mau, não é por que ele já nasceu mau? Ele poderia decidir seguir outro caminho, dar um novo rumo à sua vida?

— Claro! A Doutrina Espírita afirma categoricamente que ninguém reencarna para fazer o mal, contudo aqui chegando, quando não consegue desenvolver uma inabalável disposição para vencer as suas tendências inferiores, elas aparecerão com toda a certeza. Além do mais, tudo depende das intenções de cada um...

— Então, dona Carminha, optar entre o bem e o mal é mesmo o que chamam de livre-arbítrio?

— Isso! Se assim não fosse, a responsabilidade de alguém ser mau seria de Deus que o criara com aquela índole má.

— Então Deus planeja mesmo todas as reencarnações?

— Geraldo, a literatura espírita séria mostra claramente que os Espíritos que tenham o mérito necessário podem planejar o seu renascimento, mas os mais atrasados, que não sabem que precisam reencarnar, renascem compulsoriamente, sem chance de optar. Há Entidades superiores que cuidam disto e providenciam o melhor para esses Espíritos.

— E os maus não podem planejar? — insistiu Geraldo.

— Quanto aos Espíritos inferiores acionarem eles mesmos os mecanismos da reencarnação, acho difícil. Contudo, quem conhece todos os desígnios do Pai? O mais provável é que determinados Espíritos, ao reencarnarem, sejam assediados pelos seus antigos companheiros desencarnados que atuam sobre ele, obsidiando-os e lembrando-lhes desejos e tendências que eles têm adormecidos.

— E quando essas tendências são despertadas, sai de baixo! — comentou Fábio.

— Fábio, até mesmo os maus Espíritos, encarnados ou desencarnados, têm seus protetores espirituais, têm Espíritos simpáticos que gostam deles e os Espíritos familiares que se esforçarão para conduzi-los ao bem.

— Então é possível um Espírito mau tornar-se bom?

— Geraldo! Não só é possível, como é inexorável. Todos nós, bons ou maus, um dia seremos Espíritos puros. É da lei!

— Então, estou certo ao afirmar que nada é impossível?

— Duvida? — perguntou Fábio.

Geraldo já se afastava quando ouviu Carminha dizer:

— Um dia todos compreenderão, como diz o

pensador Leo Buscaglia, que *"a vida é um presente que nos é dado por Deus, mas o modo como vivemos é o nosso presente para Deus"*.

Fábio bateu palmas, entusiasmado como uma criança, aparentemente esquecido do perigo que rondava a todos e, depois de olhar para os lados, chamou Carminha em particular e indagou:

— Agora, uma dúvida ainda maior e, talvez mais importante. Eu e Melissa... Acha que daria certo?

Carminha sorriu e respondeu:

— Nossa! Você é rápido no gatilho...

— Eu? E ela que até me chamou de querido?

Capítulo XVI

A verdade

No dia seguinte, já no domingo, todos estavam presentes ao café da manhã. Aparentemente, a noite de sono revigorara a todos. Mas, a partir daquele momento, todos começaram a olhar uns para os outros, com um indisfarçável ar de desconfiança. Era como se cada um dissesse a si mesmo:

— Será que estou olhando para um assassino?

Carminha percebeu o clima hostil que crescia entre os abandonados na misteriosa ilha. Precisava fazer algo...

— Pessoal! Um minuto, por favor! Eu gostaria, antes que aconteçam coisas mais sérias, de contar uma historinha.

— Historinha? Que coisa mais ridícula! Estamos sendo perigosamente caçados e você vem querer contar histórias? Era o intolerante Antônio.

— Pode contar — concordou Fábio, com a aquiescência tácita dos demais. Carminha iniciou:

— Seis pessoas ficaram bloqueadas numa caverna por uma avalanche de neve e teriam de esperar até o amanhecer pelo socorro. Cada uma trazia um pouco de lenha e havia uma pequena fogueira, ao redor da qual elas se aqueciam. Se o fogo apagasse, todos morreriam congelados antes que o dia clareasse. A fogueira dava sinais de que em breve se apagaria, a não ser que todos colocassem a sua lenha para alimentá-la. Era a única maneira de poderem sobreviver.

O primeiro homem chamava-se Hugo Albuquerque e era racista. Ele olhou demoradamente para os outros e descobriu que um deles tinha a pele escura. Ele pensou:

— Aquele negro! Jamais darei minha lenha para aquecer um negro. E guardou sua lenha, protegendo-a dos olhares dos demais.

A segunda pessoa era Edneide Castelo, extremamente orgulhosa. Olhando fixamente para todos, pensava:

— Por que eu tenho de ser a primeira? Principalmente para ajudar um pessoal que parece não ter nenhum berço? Misturar-me? Jamais!

O terceiro era Adriano Wagner, um rico avarento. Olhou ao redor e viu pessoas de aparência simples e que tinha aspecto de pobreza. Ele pensou:

— Eu, dar a minha lenha para aquecer um pobre, que é pobre por ser um tremendo de um preguiçoso? Nunca!

O quarto homem era André Gustavo, o negro. Seus olhos mostravam ira e ressentimento. Seu pensamento foi:

— Todos são brancos! Jamais darei minha lenha para salvar quem me oprime! E guardou sua lenha com cuidado.

A quinta pessoa era Laura Valois, a religiosa. Ela conhecia mais do que os outros os caminhos da Solidariedade e da Caridade, mas alegando o "instinto de conservação, como uma lei natural," disse, desculpando a si mesma:

— O primeiro compromisso é conosco mesmo. Vou guardar a minha lenha e só em último caso eu a coloco na fogueira! Até porque "os últimos, serão os primeiros!".

A última pessoa era Cleonice Marinho, a egoísta. Agarrada à sua lenha, pensava:

— Esta lenha é minha. Custou o meu trabalho. Não darei a ninguém nem mesmo o menor dos meus gravetos!

Com estes pensamentos, os seis permaneceram imóveis. A última brasa da fogueira se cobriu de cinzas e finalmente se apagou. Ao alvorecer, quando os homens da equipe de socorro chegaram à caverna, encontraram seis cadáveres congelados, cada qual segurando um feixe de lenha. Olhando para aquele triste quadro, Lenira Maria, chefe da equipe de socorro, disse:

— O frio não perdoa...

Márjule Pugas, membro da equipe de resgate e que era espírita, corrigiu:

— Não, Lenira. O frio que os matou não foi o frio de fora, mas o frio interior. O frio do coração! ”

Carminha completou:

— *Não acham que a hora é de união?*

Depois de um razoável silêncio, quando todos olharam para dentro de si mesmos, uns se retiraram e outros começaram a conversar.

— Quando sairmos dessa, vou retornar para as fileiras kardecistas. Saí por pura vaidade, por não conseguir me destacar mais do que outros mais preparados. Eu não suportava receber ordens... — desabafou Rivadávia.

— Quer dizer que a Umbanda não é legal? — indagou Fábio.

— Absolutamente! Fábio, a Umbanda verdadeira não faz nada para o mal nem recebe nada pelo que faz. Apenas trabalha de forma diferente e é muito mais ligada às forças da Natureza. Só que eu gosto muito de entender e, para isso, só estudando, e, mesmo agora, quando na Umbanda começa a despontar o interesse pelo estudo, esse interesse ainda é muito primário, enquanto nas Casas Kardecistas, estudar é um imperativo para quem quer saber!

— É... Eu acho que vou frequentar o NEAM — disse, meio hesitante, Fábio.

— Você? — perguntaram ao mesmo tempo, Melissa e Carminha.

— É... Posso perguntar mais umas coisinhas?

— Pode...

— Pode o médium impedir, mas impedir mesmo, que um Espírito se manifeste?

— Sim, pode. Um desencarnado não pode se impor a um médium, exigindo que lhe dê vazão à manifestação. Apenas em casos de obsessão, é que o desencarnado domina a situação e faz valer sua vontade, e não a do médium enfermo. Fora disso, os desencarnados aguardam que o médium lhes abra a casa mental, que aceitem a parceria, ou que deem uma resposta positiva ao anseio de manifestar-se.

— Quais os pré-requisitos para participar de reuniões mediúnicas? E, quando a pessoa que participa não se encontra bem, como proceder?

— O simples fato de ser médium não credencia

ninguém a trabalhar nas sessões espíritas de intercâmbio espiritual. O trabalhador que não estuda e não se instrui está despreparado para desempenhar tão grave tarefa.

Se a pessoa, quando no exercício da mediunidade, não se encontra bem, deve ser afastada das atividades práticas, submetendo-se à assistência dos Espíritos no tratamento que a Casa Espírita oferece.

— Querem saber de uma coisa? Eu resolvi que quero ser médium! Vocês aceitam?

— Tem certeza de que quer ser médium, Fábio? — questionou Melissa.

— Quero! Mas agora é hora de pensarmos em como vamos sair daqui.

— Finalmente! A gente está para morrer e vocês ficam jogando conversa fora. Vamos pensar é em como escapar! — gritou Antônio Heber.

— Você está dispensado de pensar — alfinetou Sheyla.

Nisso chega o discreto mordomo, que pigarreia discretamente para chamar a atenção de todos.

— Pois não, Geraldo.

— Seu Fábio, eu tenho um comunicado para fazer.

— Fale de uma vez, homem! Está autorizado! Vamos! — berrou Antônio.

— Desculpe-me, senhor delegado, mas estou me reportando ao senhor Fábio e não ao senhor.

— O quê? Você está querendo que eu lhe ensine boas maneiras?

— Eu sempre tenho interesse em aprender. Mas

no caso em tela, eu aceito os ensinamentos, desde que não sejam do senhor.

— Eu vou lhe mostrar!

Antônio tenta levantar-se, mas as mãos de Rivadávia sobre seus ombros o impedem.

— Controle-se, delegado. O momento não é para grosserias ou bravatas. Fique quieto. Além do mais, você prestou atenção no tamanho do Geraldo?

— Está bem... Está bem... Depois eu acerto as contas com ele.

— Fale, Geraldo.

— Lamento informar, mas o corpo do seu João Moreira sumiu!

— Sumiu? Foi embora? Para onde? Eu não autorizei... Mas ele está morto! Pelo menos estava! — descontrolou-se Antônio.

— Eu sei, delegado... É exatamente por este motivo que eu estou comunicando a sua falta.

— Vamos verificar isso com calma — orientou Fábio.

Todos os presentes se dirigiram ao quarto onde o finado João Moreira deveria estar. Nada! Nem vestígio. Fábio exigiu explicações da doutora Nair.

— E então, doutora?

— Então o quê? Eu torno a afirmar que ele estava morto! Se ele não está mais no seu...

Ela não pôde concluir. O insensato Antônio estava novamente com a corda toda e, com isso, as tolices se acumulavam.

— Não está mais no seu quarto? É isso, doutora? Eu acho benfeito. Se tivessem ouvido os meus sábios conselhos e o tivessem enterrado, agora ele não seria um morto foragido!

— Morto foragido? E isso existe? — indagou Carminha.

— Claro! Um morto que sai de casa e some... Não! Não pode... — disse o delegado, caindo na real.

— Vamos parar com as especulações e fazer uma nova visita em toda ilha e dependências da casa, para...

— Seu Fábio! Eu já fiz isso. Ele não está na ilha! — afirmou o mordomo.

— Mas ele tem que estar!

— Deveria, mas já procurei tudo. A não ser...

— A não ser?

— O delegado não queria enterrá-lo ontem?

— Sim...

— Bem... Morto não anda, não passeia, nem foge. Se não está em lugar nenhum, a única alternativa que eu vejo é que o delegado que o vigiou durante a noite tenha enterrado João Moreira. Mas ele teria coragem para isso?

Todos os olhares se voltaram para Antônio. E ele, ao se ver como alvo de tantos olhares interrogativos, baixou a cabeça, como uma confissão de culpa.

— Não! Não fiz isso... Eu não teria tanta coragem assim... Posso sair um pouco? Preciso respirar...

Capítulo XVII

As dúvidas de Nair

A doutora Nair Laureano, aproveitando a pausa que a saída do delegado Antônio proporcionara, puxou Élida pela mão e levou-a a um lugar afastado dos demais.

— Doutora Nair! De que se trata? Posso ajudá-la?

— Acho que sim. Élida, se eu não estou enganada, você também é espírita, não é?

— Sou. Eu posso ajudá-la em alguma coisa?

— Não sei... Acho que pode. É sobre o Espiritismo... Falam tantas coisas... Mas aqui as pessoas que dizem ser espíritas não demonstram ter as esquisitices que eu ouvi dizer que os espíritas têm...

— Olhe, doutora, eu não tenho muito conhecimento, porque a Doutrina dos Espíritos é dinâmica por excelência, mas dentro das minhas enormes limitações, no que eu puder ajudar...

— Não é bem uma ajuda... São dúvidas, muitas dúvidas...

— Então fique à vontade e pergunte.

— O Espiritismo nos dá uma razão, um motivo realmente forte, que nos faça pensar que vale a pena viver? Mesmo?

— Doutora, é interessante a senhora perguntar sobre isso, porque as pessoas, em sua maioria, vivem suas vidas de forma tão corrida que parecem não estar interessadas nos problemas da existência. Antes se preocupam com seus negócios, com seus prazeres, com seus problemas particulares. Quando tudo vai bem, essas pessoas nem se lembram de Deus. Porém, quando tais pessoas são surpreendidas por um grande problema, a perda de um ente querido, uma doença incurável — fatos que acontecem na vida de todo mundo — não encontram em si mesmas a fé necessária nem a compreensão para enfrentar o problema com coragem e resignação, caindo, invariavelmente, no desespero. Aí se lembram de Deus e pedem socorro e acham que Ele tem a obrigação de sempre atender.

— Mas onde é que entra o Espiritismo nisso tudo?

— O conhecimento espírita abre-nos uma visão ampla e racional da vida, explicando-a de maneira convincente e permitindo-nos uma reforma íntima, que nos aproxima de Deus.

— Fui criada em um lar católico e tenho algumas amigas evangélicas. Daí que eu tenho algum conhecimento de como são praticadas estas religiões. Não sei se estou abusando da sua paciência, mas daria para você falar um pouco da prática espírita?

— Não está abusando, doutora. Na realidade a senhora está me ajudando, pois divulgar o Espiritismo é uma caridade e a senhora está me dando essa chance. Vamos então ver algumas características da nossa prática:

• *Toda a prática espírita é gratuita, como orienta o princípio moral do Evangelho:* "Daí de graça o que de graça recebestes".

• *A prática espírita é realizada com simplicidade, sem qualquer culto exterior, dentro do princípio cristão de que Deus deve ser adorado em Espírito e Verdade.*

• *O Espiritismo não tem sacerdotes e não adota e nem usa em suas reuniões e em suas práticas: altares, imagens, andores, velas, procissões, sacramentos, concessões de indulgência, paramentos, bebidas alcoólicas ou alucinógenas, incenso, talismãs, amuletos, horóscopo, cartomancia, pirâmides, cristais ou quaisquer outros objetos, rituais ou forma de culto exterior.*

• *O Espiritismo não impõe os seus princípios, pois é uma Doutrina de conscientização e não de imposição.*

• *A mediunidade, que permite a comunicação dos Espíritos com os homens, não é uma exclusividade dos espíritas, uma vez que é uma faculdade que as pessoas trazem consigo ao nascer, independentemente da religião ou da diretriz doutrinária de vida que adotem.*

— É... Legal... Outra coisa que eu não entendo, é por que, se o Espiritismo é mesmo tão bom, os espíritas não fazem mais propaganda em público das suas qualidades?

— Boa pergunta. Doutora, em parte eu concordo com a senhora. Os espíritas ainda são um pouco tímidos e acomodados nesse sentido. Com veemência, mas sem agressividade e respeitando sempre o livre-arbítrio, nós deveríamos sim divulgar com muito mais intensidade a nossa Doutrina.

— Pois é...

— Mas aqui, cabe a sempre sensata opinião de Kardec, sobre a quem deveria ser oferecido os ensinamentos espíritas:

O Espiritismo se dirige aos que não creem ou que duvidam, e não aos que têm fé e a quem essa fé é suficiente; ele não diz a ninguém que renuncie às suas crenças para adotar as nossas, e nisto é consequente com os princípios de tolerância e de liberdade de consciência que professa. Por esse motivo não poderíamos aprovar as tentativas feitas por certas pessoas para converter às nossas ideias o clero, de qualquer comunhão que seja.

Repetiremos, pois, a todos os espíritas: acolhei com solicitude os homens de boa vontade; oferecei a luz aos que a procuram, porque com os que creem não sereis bem-sucedidos; não façais violência à fé de ninguém, muito mais quanto ao clero que aos seculares, porque semeareis em campos áridos; ponde a luz em evidência, para que a vejam os que quiserem ver; mostrai os frutos da árvore e deles daí de comer aos que têm fome e não aos que se dizem saciados. (*O Que é o Espiritismo*, de Allan Kardec).

— Eu não estou entendendo mais nada! — disse Nair.

— O que a senhora não está entendendo?

— O que eu não entendo, Élida, é por que algo aparentemente tão legal, gera tantas críticas e oposição por parte das outras crenças...

— Se não houvesse tanta leviandade e procurassem fazer um estudo esclarecido sobre o que realmente é o Espiritismo, eles descobririam, provavelmente desapontados, que a nossa Doutrina se apoia em bases sólidas, entre elas o respeito a todas as crenças. Descobririam também que uma de suas motivações é dar sentimentos religiosos aos que não os têm e fortalecê-los naqueles que estão vacilantes.

— Não se ofenda, Élida, mas e as feitiçarias? As reuniões secretas? As pessoas falam que vocês fazem...

— É absolutamente comum nos tratarem como nascidos de superstição, adivinhação, e que fazemos feitiçaria. Apesar de Kardec ter sido claro nessas questões:

... *O Espiritismo não tem mistérios, nem teorias secretas; tudo nele deve ser dito claramente, a fim de que cada um possa julgá-lo com conhecimento de causa.* (*A Gênese*).

... *O médium, numa palavra, deve evitar tudo o que poderia transformá-lo em um agente de consulta, o que, aos olhos de muita gente, é sinônimo de ledor de sorte.* (*O Livro dos Médiuns*).

O papel dos Espíritos não é o de vos esclarecer sobre as coisas desse mundo, mas o de vos guiar com segurança no que vos pode ser útil para o outro. Quando vos falam das coisas desse mundo, é porque julgam necessário, mas não a vosso pedido. Se vedes nos Espíritos os substitutos dos adivinhadores e dos feiticeiros, então é certo que sereis enganados. (*O Livro dos Médiuns*).

— Os Espíritos podem nos fazer conhecer o futuro?

— Se o homem conhecesse o futuro, provavelmente negligenciaria o presente. Eis um erro que se repete constantemente. A manifestação dos Espíritos não é um meio de adivinhação. Se a senhora pedir e às vezes até exigir uma resposta absolutamente exata, esta resposta será dada por um Espírito brincalhão, descomprometido com a verdade e seriedade.

— Mas nós podemos pedir conselhos aos Espíritos?

— Sim. Como disse Kardec, "*os bons Espíritos jamais recusam ajudar àqueles que os invocam com confiança, principalmente naquilo que toca à alma; mas repelem os hipócritas, os que têm o ar de pedirem a luz, mas que se comprazem nas trevas*". (*O Livro dos Médiuns*).

— Você pratica que tipo de Espiritismo? É o que é chamado de "mesa branca"?

— Não existe o Espiritismo de mesa branca. Isso surgiu pelo fato de que muitas Casas utilizam toalhas brancas sobre as mesas, mas unicamente por uma questão de estética.

— Mas eu já ouvi até outros nomes!

— Eu sei e é daí que surgiram expressões como Espiritismo de Linha, Espiritismo de mesa, Espiritismo Mesa Branca e até Espiritismo Umbandista.

— Confesso que estou meio perdida... A minha amiga Jéssica Acioly frequenta um Centro de Umbanda e sempre leva um livro dessa pessoa de quem você tanto fala, Kardec...

— Não é um fato raro, as pessoas abrirem terreiros de Umbanda, cuja denominação leva a expressão "Centro Espírita", quando, na verdade, deveria ser "Templo" ou "Terreiro" de Umbanda. E é mesmo verdade, que alguns terreiros de Umbanda adotam algumas coisas do Espiritismo e até estudam Kardec. Mas tudo isso é normal e natural, pois se trata do processo de evolução de cada um. Mas o fato de usarem as obras básicas do Espiritismo não as transforma em Centros Espíritas nem são espíritas. São espiritualistas!

— Há muita diferença?

— Bastante. O que existe de comum em todas elas são as manifestações dos Espíritos, a crença de que a vida não se extingue no túmulo e é bem provável que todas também acreditem na reencarnação. Mas isso não é o bastante para que possamos dizer que todas sejam iguais.

— Mas o que diferencia basicamente uma da outra?

— O Espiritismo tem como objetivo maior mostrar e conduzir o homem à sua indispensável reforma íntima, como única maneira de, paulatinamente, aproximá-lo de Deus. Já religiões espiritualistas ligam-se muito mais às coisas da terra, da Natureza.

— Legal! Tenho mais perguntas, mas por enquanto... Obrigada... Muito obrigada!

Capítulo XVIII

Lembranças de Antônio

Após se retirar e ficar isolado, longe dos demais confinados naquela ilhota, Antônio Heber começou a se lembrar dos inúmeros problemas que envolviam a sua família e que o levaram a se tornar quase um alcoólatra. Sabia que era amargo, intolerante, grosseiro, mas o que poderia fazer, em face da enorme gama de problemas que enfrentara? Ficava extremamente difícil ser educado e tolerante. Recordava nitidamente o que ocorrera nos últimos dias antes de embarcar nesta viagem que provavelmente não teria um fim feliz.

Um dia, ao chegar em casa, novamente embriagado, ouviu a sua filha Carmem Lúcia perguntar à mãe:

— Mãe, tem café?

— Não, filha, ainda não tive tempo de fazer. É tanta coisa...

— Nossa! Essa casa está mesmo uma bagunça,

não se encontra mais nada. Onde é que está o Périclis François?

— O Périclis não veio trabalhar. Ele foi ao enterro da avó.

— De novo? Deve ser a 6ª avó que ele enterra!

— O Périclis está com a gente há alguns anos. (*hic*) Já enterrou três mães, cinco pais, oito avós, uns dez tios, (*hic*) um monte de primos e ainda tem gente para morrer — comentou Antônio, ao voltar do trabalho, depois de passar em um bar...

— No mês passado não morreu um cunhado dele?

— O Périclis pode ter lá suas manias, mas no fundo é um mordomo competente, muito amigo e dedicado. Era Rafaela Pina, esposa de Antônio, e que sempre protegia o Périclis.

— É... E muito do caprichoso. Vocês viram o buraco que ele fez na minha blusa de seda? Era a rebelde Paula Uchoa Pina, que acabara de chegar, acompanhada pelo irmão Pedro Nogueira Pina.

— Vi, Paula, mas eu vi também os seus sapatos que ele limpou com todo cuidado e olha que isto nem é tarefa dele! Todos nós temos defeitos. Mas se a gente olhar com cuidado vai ver que todos temos também qualidades.

— O Pedrinho tem razão. Ele é um mordomo, mas faz tudo e até mais do que uma empregada doméstica faria!

— Ele diz que seu nome é de origem francesa! Será? (*hic*) Agora, dou um presente para quem me mostrar as qualidades daquela criatura...

— Bem, pai, pelo menos ele não vive enchendo a cara!

— Olhe, Paula, eu não lhe dou o direito de... (*hic*) Deixa para lá...

— Não implica com ele, pai! O pobre do Périclis só foi a um enterro — salientou Pedro.

— Eu sei, Pedrinho! Mas por acaso (*hic*) ele sabe fazer outra coisa?

— Sabe! Ele sabe que beber é um dos piores vícios que existem! E é um péssimo exemplo que um pai dá aos seus filhos — alfinetou Carmem.

— Carmem! (*hic*) Carmem! Mas todos já haviam saído e Antônio ficara só.

Foi quando Périclis entrou assobiando feliz, como se voltasse de uma festa e não de um enterro. Quando ele percebeu a presença de Antônio na sala, tentou disfarçar, ensaiou até um choro e começou a lamentar.

— Ah! Monsieur Antônio, monsieur Antônio, que coisa triste um enterro... O senhor nem pode imaginar...

— Ah Posso! Posso sim. Agora, por favor, (*hic*) dá para me fazer um café bem forte?

— Ora, o senhor não se comove, não? Não tem coração? Mas não tem problema... Eu faço seu café forte... Ressaca de novo, hein?

— A ressaca é minha! (*hic*) Agora, já que estamos só nós dois... Posso fazer uma perguntinha?

— Poder pode... Mas veja bem o que vai perguntar!

— É sobre seu nome... Périclis François... Você não é do interior de Alagoas? De São José da Laje?

— Ih, já não estou gostando...

— Périclis... François... Cá pra nós... (*hic*) Como é que colocaram esse nome tão... Tão... Tão pomposo em você?

— Puxa, Monsieur! Homem curioso é pior do que vizinho aposentado! Mas vou responder. O meu nome de verdade é José da Silva, mas quem já viu um mordomo de nome Zé? Aí, criei esse tal Périclis François. Mas não diga a ninguém, senão vou deixar o senhor curtindo a sua ressaca sem mover uma palha e sem café forte!

— Nossa! Pode deixar, Zé Périclis...

— O quê?

— Desculpe. (*hic*) Monsieur Périclis François.

Foi quando a campainha tocou e o mordomo foi atender.

— Estou indo. Já vai!

— É aqui que mora a dona Rafaela Pina, *num* é? Pois é, eu *sô* a *subrinha* dela, a Malú!

— Malú, sobrinha da dona Rafaela? Para que estas malas?

— Eu *sô* do *interiô*, *num* sabe? Eu *vim pro mode ficá* uns *dia*...

— Meu Deus! Aqui? — espantou-se Périclis, já pensando que aquilo significaria mais trabalho.

— O que é que está acontecendo? Vocês brigando e a campainha tocando e... Marilourdes! Que bom vê-la, menina! Como você cresceu, está uma moça! Era Rafaela.

— Sua *bênça*, tia Rafaela. A mãe mandou lembrança.

— Minha irmã Sonia Nascimento? Ela está bem?

— Ela *tá* boa *qui* só.

— Que bom, vamos lá para dentro.

Depois que dona Rafaela entrou com a sobrinha, Périclis voltou a infernizar a vida de Antônio.

— Oh, Monsieur Antônio, o senhor não vai trabalhar? Um delegado? Já está cheio de bandido na rua e o senhor ainda por aqui? Ah, antes de ir escove os dentes, para não dar bafo de cana nos outros.

— Como é?

— *Au revoir!* Vá logo, Monsieur Antônio.

— Estou indo! Estou indo! Será que um homem não pode ter sossego nem na própria casa?

— Seu Antônio, veja se não esquece de pagar a luz. Se tem uma coisa que eu não tenho é vocação para vaga-lume... Por falar nisto, seu Antônio, será que o Pedrinho não tem por aí nenhuma vela colorida, não?

— Vela colorida?

— É... preta, vermelha... Acho que qualquer cor serve...

— Por que o Pedrinho teria?

— Ele não vive mexendo com aquelas coisas?

— Que coisas? Fale, Périclis.

— Uma macumbinha, uns despachos...

— Ora, Périclis, não fale bobagem. As reuniões de que o Pedro participa no NEAM são de estudo e aprendizado do Evangelho e não tem esse negócio de vela, despacho, culto exterior, que nem sei o que é...

Bem, pelo menos é isso que ele diz...

— Seu Antônio, não estou falando de nada externo não. Estou falando é de macumbaria aqui, interna, olindense, do Brasil mesmo.

Foi quando Rafaela entrou na sala com Marilourdes.

— Olha, Marilourdes, eu tenho que sair, mas a casa é sua. Pode ficar à vontade, viu? Eu só vou visitar uma amiga que está doente, a Raquel, uma ex-empregada que teve um bebê de nome Mariza.

— Oxente! Se avexe não, tia, pode ir *fazê* as suas *coisa*, *qui* eu fico bem aqui *cum* seu *Françóis*.

— *Françóis* não! François! Se pronuncia "Françoá"!

— Eu *tô* é *cum* uma fome danada! Por um acaso num tem uma boia por aí não? Seu Françóis?

— Périclis François! Eu já estou preparando o jantar, tenha paciência! Nossa! Como matuto come!

A tarde se despedia quando Antônio retornou e com uma fome homérica.

— Ah, que bom. O jantar já está pronto? Ótimo, porque eu estou morto de fome. Dia de trabalho naquela delegacia é mesmo de matar. Quero uma comidinha nova.

— O dia foi de matar? Pois se depender de comidinha nova o senhor vai continuar defunto, porque a comidinha é almoço requentado, que sobrou do almoço.

Foi quando chegou a Rafaela.

— Deus, como eu andei! Não pretendia me demorar tanto, mas não teve jeito, a Raquel mora longe...

Onde está a Marilourdes?

— *Tô* aqui, tia. Eu *tava* ajudando o seu *Françóis*.

— *Françóis* não! Périclis François!

— Você é um anjo, Marilourdes.

Foi quando os outros filhos chegaram conversando. Carmem Lúcia não tirou por menos:

— Mãe! Quem é essa caipira, aí? — indagou Carmem.

— Ah, crianças, vocês ainda não se encontraram. Essa é a prima de vocês, Marilourdes, que veio ficar uns dias com a gente.

— Tô fora! — disse Paula.

— Que bom, é um prazer, prima Marilourdes — cumprimentou Pedro.

— Por falar nisso, dona Rafaela, onde é que eu ajeito as coisas dela?

— Ora, Périclis, no quarto da Carmem. É espaçoso e...

— No meu? É ruim, hein?... Arruma outro canto para ela...

— Paulinha?

— Nem morta, mãe. Gosto da minha independência...

— *Ô pessoá! Num pricisa se incomodá cumigo não, eu me ajeito no quartin lá dos fundo...*

— Nada disso, aquilo lá tá mofado, cheio de tralha velha — falou Pedro.

— Ah! Mas pra mim é um luxo, primo Pêdo.

— Não, Marilourdes, eu...

— Primo, a minha choupana lá na roça *tá* com

as *parede* rachada, goteira pra todo lado, o chão é de terra batida, a cama é uma esteira *véia* e *mermo* assim a gente se arruma e *veve muinto* do bem... *Num* carece si *preocupá* não, eu me arrumo em *quarqué* canto.

Todos olharam para Paula e Carmem. Elas abaixaram as cabeças envergonhadas.

— Desculpa, Marilourdes. Eu... Eu vou gostar de ter você no quarto comigo.

— Puxa, prima Paula, *ocê* é boazinha, mas *num* carecia...

— Bem, problema resolvido. Agora quem quiser jantar é melhor correr, porque rango esquentado duas vezes dá dor de barriga — anunciou Périclis François.

— Bem, pará mim não vai dar. Vou tomar um banho rápido, tenho estudo no NEAM e não posso chegar atrasado.

— Pedro! Deixa eu tomar banho primeiro, o meu caso é mais importante. Você vai encontrar as almas dos finados e eu vou encontrar com minhas colegas do teatro, lá na boate — pediu Paula, que nunca tirava por menos quando se tratava de Espiritismo.

Rafaela, depois de olhar para Marilourdes, lamentou:

— Você lembra a sua mãe...

— Tia! *Nóis* nunca *isqueceu* da *sinhora*, não. Sempre tão boa, mandando roupa, sapato, *inté* brinquedo.

— Ora, eram só coisas usadas, que já não serviam nas crianças.

— É, mais a *sinhora* nem imagina com que alegria

nóis recebia tudo aquilo. Era como se fosse Natal.

Carmem, que ouvia nesse momento a conversa, interveio.

— Engraçado, eu me lembro de uma boneca horrível que mandei pra você, escondido de minha mãe, porque era presente de minha madrinha Vanusa.

— E eu *num seio*? Uma de trancinha *lôra*, *vistida* de noiva... Nossa! Eu dei o nome de Carmem, em sua *homenagi*. Foi o presente mais *bunito* que *recibi* nessa vida. Guardo *inté* hoje, como se fosse um *tisouro*. *Inté* chorei naquele dia. *Brigada*, prima Carmem, Deus lhe pague.

Carmem ficou totalmente sem graça e saiu. Para quebrar aquele clima meio triste, Périclis novamente anunciou o jantar.

— Aí, pessoal, a comida está na mesa e eu estou indo visitar um parente doente.

— Meninos, venham jantar! — chamou Rafaela.

— Eu não vou jantar, não. Como qualquer coisa na rua — disse Paula.

— Gente, alguém viu a Carmem? Ela parecia triste, não sei...

— Mãe, você conversou com ela?

— Não, Pedro, eu estava com pressa...

— É melhor a gente falar com ela, pode ser alguma coisa grave.

Foi quando, para espanto de todos, o eterno mal-humorado Périclis François, antes de sair, de forma simpática dirigiu-se a Pedro:

— Pronto, Pedro, acabei de digitar o estudo que você me pediu. Até pesquisei um pouquinho mais para poder completar.

— Obrigado, Péριclis, você me salvou de levar uma dura da minha dirigente da Psicofonia, dona Tereza Queiroga.

— Estudo? Estudo sobre o quê? — indagou Paula.

— É um estudo que eu vou apresentar na Psicofonia hoje, sobre a importância da reforma íntima. Hum... Você fez um belo trabalho, Périclis.

— O mordomo chegado em umas simpatias e até em uma macumbinha, fazendo trabalhos espíritas? Só mesmo você, Pedro — debochou Paula, já de saída.

Foi quando Pedro chamou Paula à parte e travou com ela o diálogo, que os demais só souberam depois.

— Paula, tem um tempinho? Eu quero falar com você.

— Não dá, estou atrasada.

— Paula!

— Está certo, o que você quer?

— Eu, nada. Só quero saber o que você quer!

— Do que você está falando?

— Das drogas, Paula.

— Como você...

— Como eu sei? É fácil perceber, precisei ir ao seu quarto atrás de uma caneta e encontrei... Você está estranha há muito tempo, e ultimamente tem tomado algumas atitudes meio esquisitas...

— Dei bandeira, né?...

— Eu venho tentando me aproximar de você,

mas como sempre foge, resolvi abrir o jogo.

— Você está atrasado para o Centro...

— Não vai dizer que você está preocupada com isso. Logo você que vive me criticando por causa do NEAM. Você quer se livrar de mim? Quer evitar essa conversa mais uma vez?

— Não, não é isso. Você... Você contou para a mamãe?

— Claro que não, ela já tem problemas demais com a Carmem e com os pileques do seu Antônio.

— Pedro, eu... Eu sei que fiz besteira, entrei em uma fria... Mas estou tentando sair. Eu vou sair... Mas preciso de ajuda. Você me ajuda?

— Claro, é para isto que eu estou aqui. Você quer mesmo ser ajudada, Paula? Quer sair dessa? Então para começar esqueça a boate. Está vendo este livro? O seu autor se chama Luiz Sérgio. Ele desencarnou quando jovem e agora trabalha para ajudar aqueles que se envolvem com drogas. Esta obra fala sobre as drogas e suas consequências; sobre a parte física e espiritual e tudo em uma linguagem muito fácil. Acho que vai ajudá-la muito.

— É, parece interessante... Está bem, eu vou ler.

— Amanhã a gente conversa sobre o que você achou do livro, e se você tiver alguma dúvida me pergunta. Está certo? Boa noite!

Paula ficou lendo na sala. Foi quando Péricles apareceu sonolento.

— Ê menina, você não ia sair?

Paula estava tão concentrada no livro que

respondeu sim apenas com um gesto de cabeça.

— Vá dormir, menina. É melhor você ir para o seu quarto, todo mundo já foi dormir.

Paula seguiu a recomendação de Périclis, que ficou arrumando algumas coisas, quando Carmem, sem se dar conta que Périclis estava na sala, entrou e começou a chorar baixinho.

Capítulo XIX

Últimas lembranças

Antônio continuava entregue às recordações que durante algum tempo tanto o inquietaram. Carmem chorava.

— Meu Deus, me ajude! O que é que eu faço? Dê-me uma luz, não sei o que fazer... Não sei...

— Carmem? O que você está fazendo aqui, no meio da noite?

— Quem está aí? Périclis! Eu? Nada... Não é nada. Você me assustou! — ela respondeu surpresa e assustada.

— Como não é nada? Pode falar, eu sei que você está com algum problema. Tenho visto você triste, caladona... O que aconteceu?

— Engraçado você dizer isso... Como notou que eu estava triste?

— Eu sinto quando algo está errado. Além do mais... Nem aquele seu lindo sorriso tenho visto ultimamente...

O que aconteceu, filha? Brigou com o namorado?

— Antes fosse... Ele está com outra, não quer mais saber de mim... Mas isto ainda não é o pior. É que eu... Eu estou esperando um filho dele. Como não tenho coragem de dizer isso aos meus pais, vou fazer um aborto.

— Não, isso não, Carmem!

— Porque não?

— Porque o aborto é um crime. Fere as leis de Deus e dos homens.

— Crime? O que você sabe sobre isso?

— Não muito... Sabe, Carmem, o Pedro tem me pedido que digite alguns de seus estudos. São estudos lá do NEAM. E lendo uma coisinha aqui e outra ali tenho aprendido um bocado. O que eu sei sobre o aborto é que, quando ele é provocado, é um crime, pois interrompe uma vida, tira a oportunidade a um Espírito de reencarnar aqui na Terra, que é a grande e bendita escola, onde aprendemos a viver como irmãos.

— Mas tantas pessoas fazem aborto...

— Menina! Deus dá a vida e só Ele pode tirá-la, porque Ele é o Senhor da Vida. Se essas pessoas soubessem a verdadeira finalidade da vida, jamais praticariam esse ato que traz tantas consequências dolorosas.

— Consequências? Que consequências, além de escapar da vergonha de ser mãe solteira?

— Menina Carmem, o aborto é uma violência, uma agressão ao seu organismo e a quem precisa nascer. E sem falar que sempre deixa terríveis sequelas físicas, psicológicas e espirituais.

— O que você quer dizer com isso?

— Bem, todos os atos de nossas vidas são registrados em nossa consciência, para sempre... Aí um dia eles serão cobrados...

— Sério? Você está me assustando... Eu não sabia disso. Nunca tinha parado para pensar. Então... Segundo você, o aborto não é solução para o meu problema? Mas e agora? O que é que eu faço?

— O aborto não é solução de nenhum problema. Ele é o problema! Tenha calma, menina.

— Ter calma? É muito fácil falar...

— Pois é... Mas é mesmo hora de ter calma e fé em Deus.

— Fé em Deus? Eu não tenho e nem quero religião! Aliás, nunca descobri qual a finalidade da religião...

— Deus é uma coisa e religião é outra. Agora, as religiões são importantes. Para quem é feliz, ela ensina a não abusar da felicidade, e, para quem é infeliz, ensina a não entrar em desespero. Vá! Converse com seus pais. Eles vão entendê-la e ajudá-la. Afinal você é filha.

— Adotiva. E este é o problema. Essa família me adotou e me amou sem distinção e sem preconceito. Meu Deus! Como é que eu fui me envolver dessa forma? No íntimo sabia que o Ricardo não me amava de verdade, mas eu fingia que conseguiria conquistá-lo de vez... Estava errada e agora é tarde demais... Não quero envergonhar meus pais, meus irmãos e nem dar trabalho para eles.

— Não pense assim... Com fé e coragem, nós

conseguimos vencer todos os obstáculos. O momento parece difícil, mas você verá que quando essa criança nascer irá trazer muita alegria para todos nessa casa. Já pensou: seu pai brincando com ela, e eu, o velho Périclis implicando com os dois? Vai ser uma festa!

— Obrigada, Périclis! Você é uma pessoa muito legal. Desculpe-me por não ter reparado nisso antes.

— Não, Carmem, eu entendo. Agora vamos dormir.

No dia seguinte...

— Carmem, como é que você está na faculdade? — perguntou Rafaela.

— Mal. Não aguento mais aquilo lá. Os professores são todos uns chatos, a matéria é cansativa. Vou cair fora, mãe.

— O que é isso, filha? Não pode largar os estudos. E o seu sonho de ser psicóloga?

— Vou largar tudo.

— Prima Carmem, *ocê* vai *mermo pará* de *istudá*?

— Vou.

— *Qui* pena!

— Pena por quê? Você tem ideia do que é estudar em uma escola daquela?

— *Ieu*? Quem *mi* dera! *Ieu* só pude *istudá inté* o segundo ano de grupo. Nem lê direito eu *seio*, *num* vê como eu falo errado? As *pessoa inté* acham graça, eu *seio*. *Mais* é o meu jeito.

— E por que você não estudou mais?

— *Oxente*! A gente *pricisava trabaiá* nas *roça*. Aqui o *culégio* é muito grande, *num* é? Diz que a gente *inté* se perde lá dentro. Na roça não, era só um quartinho de chão batido e parede de tábua.

— E mesmo assim você queria estudar?

— Ah! Mais é o meu sonho. Quem *istuda num* é chamada de caipira, de matuta e pode *inté sonhá* com um futuro *mió*, sem *precisá tê* vergonha de abri a boca. Mais *num* tem *importânça* não, um dia eu *vô deixá* de *sê anarfabeta*. É só *tê* fé e *isperá* com *paciênça*.

Aquela explosão de esperança por parte de alguém que até então só encontrara dureza, mexeu com Carmem.

— Meu Deus, como eu tenho sido egoísta. Até hoje, só tenho feito pedir, receber e reclamar. Sou uma pessoa egoísta, irresponsável e mal-agradecida.

— *Num* fale assim, prima Carmem...

— Marilourdes! Você se diz analfabeta, mas hoje me ensinou algo que nunca pude ensinar a ninguém, porque eu nunca soube o que é humildade! Sabe, prima, você queria uma oportunidade? Pois a partir de hoje serei sua professora, faço questão.

— A prima *tá* brincando *cum eu*...

— Não! Estou falando sério. Só que enquanto aprende, você também vai me ensinar a ser melhor. E um dia hei de me tornar uma criatura tão bonita e sábia quanto você.

— *Oxente*... Pare com isso que eu fico vexada...

Carmem se levantou e abraçou Marilourdes. A mãe, que ouviu toda a conversa, se aproximou emocionada e abraçou as duas. Antônio disfarçou uma lágrima. Pedro chegou com Périclis e Paula.

— O que está acontecendo aqui? — indagou Pedro.

— Ah! Depois explico a você. Venha cá dá um abraço na sua irmã — pediu Carmem, toda feliz.

Algumas horas depois, Péricles anunciou:

— Gente, o almoço está pronto! Seu Antônio? Pagou as contas?

— Ora, não amola, Péricles! Criatura implicante!

— Calma, querido, deixa o Péricles para lá.

De repente, para surpresa de todos, Carmem apareceu na sala, trazendo algumas malas.

— Para que essas malas, aonde você vai? — perguntou a mãe.

— Vou embora.

— O quê? — gritaram todos.

— Pai, mãe! Tenho que fazer isso, pois não posso envolver vocês com os meus problemas. Desculpe, Marilourdes, mas eu lhe prometi uma coisa que não vou poder cumprir. Preciso ir embora.

— Que problemas? — indagou Antônio.

— Vou tentar resumir: Eu e o Ricardo Barros... A gente terminou. E estou grávida. No princípio, me desesperei, pensei em fazer tanta besteira... Até que resolvi fazer um aborto. Mas aí o Péricles me ajudou e me fez ver um monte de coisa! Eu vou ter esse filho sim, darei a ele todo o meu amor. Mas não quero criar problemas para vocês, não tenho esse direito. Fizeram tanto por mim...

— E você acha que vamos deixar você ir? Sozinha, com uma criança? Você é nossa filha. O seu lugar é aqui.

— Mas, mãe...

— Carmem, família que é família surge é nos momentos difíceis quando unimos forças para vencermos dificuldades — falou Pedrinho.

Carmem abraçou a mãe.

— Ô Carmem, me desculpe. Você com tantos problemas e eu nessa correria de trabalho, estudo e NEAM, nem notei que estava para ser tio. A gente às vezes erra por tentar fazer caridade e se esquece da caridade que devemos exercer em nossa própria casa — desculpou-se Pedro.

— Gente, eu sempre quis ter um sobrinho, até que enfim — brincou Paula.

— Não deixa a maluca da Paula mexer com o seu bebê, ela vai matar o pobrezinho — alfinetou o Périclis François, que gostassem ou não, já se sentia da família.

— Ah, fecha essa matraca, Périclis. O que você entende de bebês, hein? — retrucou Paula.

— Ei, gente, não vamos começar a brigar desde já, ainda falta muito tempo, certo? — acalmou Rafaela.

— Pois quando nascer, no mesmo dia eu tiro férias. Sei que vai ser mamadeira, fralda, banho... Ou seja, além de mordomo vão querer me transformar em babá. É ruim, hein?... Seu Antônio, pagou as contas?

— Ora, não amola!

— Calma, querido, deixa o Périclis para lá.

— Bem, vou guardar as malas.

— É isso aí Carmem. E você, Paula, leu o livro? —

perguntou Pedro.

— A metade.

— O que está achando?

— Interessante... Muito interessante.

— Mana, lá no NEAM há pessoas que poderão realmente ajudá-la. Mas é evidente que a maior ajuda terá que partir de você mesma.

— Você iria comigo?

— Mas é claro! Qual a dúvida?

— Pedro...

— Que é?

— Ah, nada. Deixa para lá.

— O que é que foi, Paula?

— Você vai ao NEAM hoje?

— Vou. Hoje é 5ª feira, dia da sopa das idosas, feita por Carminha, Arlete, Maria José, Lourdes, Marluce, Vivi, Rivadalva, Elba, Silvinha, Rogério, Luíza, Gilda e Laura. E para "provar" da sopa, ainda havia as alegres companhias de Ana Maria, Vera, Elza, Vanusa e Gláucia!

— Eu... Poderia ir?

— Tomar da sopa das vovós?

— Não! Conhecer...

— Pode, mas não prefere ir aos sábados, quando haverá palestra da Patrícia Baldez?

— Não sei... Tenho muita curiosidade... Às vezes, fico pensando o que você faz tanto naquele Centro.

— Ora, por que você não vai lá para ver?

— Eu? Eu não!

— Por que não? Paula, do que é que você tem medo?

— Medo? Era só o que me faltava! Eu não vou porque não estou a fim.

— Não mesmo? Vamos lá, deixa de ser boba e acredite em mim. Lá ninguém vai mordê-la.

— Ah... Bom... Não sei... Está certo, eu vou, mas não pense que vou virar espírita. Essa não...

— Tudo bem. Eu não tenho nenhum interesse em convertê-la ao Espiritismo. Se isso acontecer, será naturalmente. Vamos?

Foi quando Péricles se aproximou da Rafaela, com uma conhecida cara de velório e pediu:

— Dona Rafaela, me desculpe, será que poderia sair mais cedo hoje? É o meu primo, sabe?

– Primo? Qual é o nome dele?

– Nome? É... O nome é Reginaldo... Coitado! E eu já estou atrasado, pois a coisa começa a esquentar às dez horas da noite, já são nove horas e eu preciso me preparar...

— Não entendi, Péricles... Que coisa começa a esquentar às dez horas da noite?

— Que coisa? Eu falei coisa? É que... Bem... Eu quis dizer que as visitas ao hospital começam às dez horas...

— Mas, Péricles! Não é meio esquisito? Visita em hospital às dez da noite? Que estranho...

— Também acho, vou até registrar uma reclamação, mas no momento é assim. Que tragédia, meu Deus!

— Mas o que aconteceu exatamente ao seu primo?

— Primo? Ah! O Reginaldo? Ah, dona Rafaela, foi

um atropelamento, coitadinho! Foi sério...

— Deixe que eu o levo. Aproveito e também faço uma visita ao seu primo. Antônio se ofereceu.

— Não, patrão, não precisa, eu vou sozinho. Ele é uma pessoa muito tímida e vai ficar todo enrolado por ser visitado por um delegado do seu porte. Ele vai também se assustar e isso pode prejudicar a sua recuperação. Mas obrigado. Eu vou dizer a ele.

— Bem, se é assim... Pode ir, Périclis, que eu dou um jeito aqui — concordou Rafaela.

— Obrigado, dona Rafaela, a senhora é mesmo uma santa. Até logo para todo mundo!

Ao retirar a mão do bolso, no qual acabara de guardar o lenço que enxugara criativas, invisíveis e inexistentes lágrimas, caiu um papelzinho. Carmem percebeu e o apanhou para lhe entregar. Mas ele saíra tão rápido que não mais estava à vista.

— Nossa! Ele já se mandou... Que papelzinho é este? Será importante? Caiu do bolso do Périclis. Deixa eu ver... Hum... Não! Gente! Pessoal! Vocês não vão acreditar! Não houve nenhum acidente, é um ingresso para o show hoje, às dez horas... do... do Reginaldo Rossi!

Assim foram os últimos dias de Antônio, antes da chegada daquele convite tão estranho, para conhecer Fernando de Noronha e ainda participar de um seminário da religião do seu filho Pedro. Antes de aceitar o convite, rememorou os últimos momentos antes de embarcar.

Uma filha solteira grávida que quase abortara;

outra que estivera no perigoso caminho das drogas; uma esposa que não percebia nada de errado nas pessoas; um filho que passava mais tempo no tal NEAM do que em casa; uma matutinha cheia de sonhos e um caipira de nome Zé que mudara para Périclis François, que lhe infernizava a vida, e cuja única virtude era fazer um café forte como poucos!

Tudo isso sob a direção de um homem que era assinante diário de um boteco, onde comparecia religiosamente, entrando na vã utopia de que beber é esquecer! Ele próprio! Decidiu parar de beber e aceitar o convite.

Hora de retornar para perto dos colegas de infortúnio, daquela minúscula ilha.

Capítulo XX

A confissão

— Então, delegado? O que tem a dizer?

— Eu não o enterrei... Mas confesso que cometi um erro...

— E podemos saber qual foi? — indagou Fábio.

— Eu não fiquei muito tempo vigiando aquele quarto. Depois de algum tempo tive sono e fui para o meu quarto.

— É a atitude própria de alguém tão incompetente! — quase gritou Sheyla.

Estranhamente, o delegado não revidou. Sabia que fora inconsequente e, incapaz de cumprir uma tarefa tão boba, como a de guardar um morto.

Fábio tratou de serenar os ânimos.

— Pessoal, as agressões pessoais não resolvem nada. Precisamos raciocinar com muita calma. Vejamos as opções... Primeira: ele não estava morto e, neste caso, por que a doutora Nair afirmou que ele estava e para onde ele foi?

— Mas...

— Espere, doutora. A outra opção: João estava morto e, neste caso, onde ele está? Quem deu sumiço no corpo de João Moreira?

— E já que falamos em doutora Nair, eu gostaria de saber por que você está aqui, doutora — quis saber Rivadávia.

— Eu fui contratada. Estou em férias e recebi uma proposta para passar um fim de semana em Fernando de Noronha, para qualquer eventualidade médica, durante a realização de um seminário, com todas as despesas pagas e ainda depositaram na minha conta a importância de cinco mil reais. Era irrecusável...

— A senhora tem como provar isso?

— Claro! Mas quando chegarmos ao continente.

— Se chegarmos... Pois, se não estou enganada, foi dito que a senhora andou fornecendo uns atestados falsos... — lembrou Sheyla.

— Isso é uma mentira deslavada, Sheyla. Agora, se você pretende ou não tomar o lugar de Pai Rivadávia no controle da tenda, isso é outra coisa... — retrucou a médica.

— Ninguém que me conheça irá acreditar nisso. Nunca me achei em condições de dirigir nada e Pai Rivadávia é meu amigo. Sei que ele sabe disso e para mim é o suficiente.

— Eu sei, Sheyla, eu sei. Entretanto, pelo menos comigo, o tal de Noyram acertou em cheio. Não que eu ache que deva morrer por isso, mas realmente deixei o Espiritismo, por pura vaidade e inveja. Nunca aceitei o fato de ser um mero peão. Eu queria dirigir. Errei, errei feio. Mas pelo menos não desejei a morte de oito pessoas como fez a nossa amiga Carminha — alfinetou Rivadávia.

— Eu nunca desejei a morte de ninguém! A lista era uma brincadeira... O Fábio sabe disso! — defendeu-se Carminha.

— Ah, eu havia esquecido essa história de lista e quero mesmo saber por que meu nome está nela. Já sabe que vou processá-la! — esbravejou Antônio, enquanto apontava um terrível dedo acusador para Carminha.

— Carminha, todos os que tivemos os nomes relacionados por você para morrer, gostariam de saber o motivo de tanto ódio. Você poderia explicar? — indagou Melissa.

— Eu vou explicar... Mas inicialmente quero repetir para que fique bem claro, que eu nunca, em nenhum momento, odiei ou desejei a morte de ninguém. Era uma brincadeira...

— É! Uma brincadeira mortal! — exclamou Sacha.

— Eu não sabia, Sacha. Durante um seminário lá no NEAM, José Sales, o expositor, solicitou que fizéssemos uma relação com os nomes de quem gostaríamos de não mais encontrar. Como aconteceram alguns pequenos incidentes com algumas pessoas, foram seus nomes que coloquei na minha lista...

— Dona Carminha! Que tal parar de tentar nos enrolar e dizer os nomes e os motivos? — exigiu Rivadávia.

— A relação começou com o Osvaldo que andava dizendo que eu gostava de aparecer só porque era espírita e professora da FEO. Depois foi Aparecida Gomes, a Cida, que espalhou que eu ia às aulas dela sobre Colônias Espirituais apenas para dormir!

— Não nos interessa saber sobre um tal de Osvaldo e alguém que se chama Cida, não os conheço e não estão aqui! — gritou Antônio.

— Nem poderiam estar. Depois de ter os seus nomes na lista da Carminha, pouco tempo depois, ambos morreram — explicou Fábio.

— Morreram? — todos ou quase todos perguntaram.

— Exatamente. E o terceiro nome da lista era... João Moreira! — falou Carminha, que recuperara o autocontrole.

— Isso quer dizer que o tal de Noyram está mesmo cumprindo com as suas ameaças... Quem é o quarto nome da lista? Vamos, dona Carminha! Exijo respostas! — berrou Antônio.

— Acalme-se, delegado. Com as suas constantes e patéticas interrupções, vai ser difícil para ela concluir seu relato — repreendeu Rivadávia.

— Olhe aqui, seu pai de santo de uma figa!

— Cuidado, delegado, controle sua língua porque o preço que você pode vir a pagar é muito alto.

— Calem-se os dois. Se nós queremos saber detalhes que possam vir a nos ajudar a escapar do Caçador de Espíritas... Esperem! O Espírito, o tal de Júlio, não se referiu ao Caçador de Espíritas? Então por que os três primeiros foram mortos, se não eram espíritas? — questionou Fábio.

— Boa pergunta, Fábio. Mas acredito que ainda não temos uma resposta. Vamos continuar vendo a lista, Carminha? — sugeriu a prática Élida.

— Está bem, Élida. Eu coloquei o nome do João Moreira, porque ele era síndico do prédio onde moro. Tivemos uma discussão feia e... bem, vocês já sabem. O quarto nome é o da minha colega Melissa, pois ela tirou meu nome da relação de dançarinas do grupo de teatro do NEAM.

— E eu?

— Você, Sacha? Bem, mesmo sendo secretária de uma Faculdade Espírita, não acredita em Espíritos e ainda cansou de me dizer que eu fazia algo condenável: fingia conversar com Espíritos!

— Falta falar de Élida, Antônio e eu! — disse Fábio.

— Então vou começar por você, embora já saiba do motivo. O Fábio se recusou a me levar ao teatro para assistir a peça espírita "*Lágrimas de um Louco*". A Élida, que alguns conhecem aqui como cozinheira, na realidade é a nutricionista da Faculdade Espírita de Olinda. Ela brinca demais com coisa séria. Sempre que a procuro para conversarmos sobre Espiritismo, Élida diz em tom de brincadeira, que é pura perda de tempo. Ela até se apoderou de uma brincadeira minha que costumo dizer que já sou proprietária de uma tenda no umbral!

— Eu quero saber por que tenho que ser sempre o último?

— Você preferia ser o primeiro a morrer?

— Não...

— Bem, na realidade coloquei seu nome sem nem ao menos conhecê-lo pessoalmente. Acontece que em Olinda não há quem não tenha ouvido falar do senhor e das suas atitudes.

— Que atitudes? Explique-se!

— A forma como o senhor trata os mais pobres que lhe procuram em busca de justiça e o seu servilismo quando se depara com pessoas mais aquinhoadas financeiramente.

— Mas...

— Desculpe, delegado, mas acho que, em Olinda, qualquer um colocaria o seu nome na lista das pessoas com as quais não temos nenhum prazer de conviver.

— E isso, se fosse verdade, daria a você o direito de desejar a minha morte?

— Ela já lhe explicou que não desejou a morte de ninguém e, para um delegado, o seu medo da morte beira o ridículo. Um homem da lei! — comentou Fábio Cadengue.

— Esse negócio de morte...

— Delegado, não fique por aí fritando os neurônios por antecipação. Não faça como Sales Brito e Paulo Nunes.

— Não os conheço...

— Ouça:

“Certa vez, Sales, um rico empresário olindense do ramo de franquias de café, solicitou ao seu amigo zootecnista Paulo Nunes, que fosse ao mercado, para comprar um material de que necessitava. Pouco tempo depois, Paulo retornou pálido e trêmulo, balbuciando palavras sem nexo. Estava realmente muito assustado.

— Sales, ainda há pouco, quando eu atravessava a praça do mercado Eufrásio Barbosa, alguém tocou no meu ombro! Quando me voltei para ver de quem se tratava, acredite se quiser, mas eu vi que era... Sabe quem? A dona morte! A dona morte em pessoa! Ela me fitou com um olhar terrível, ameaçador.

— Que brincadeira é essa, Paulo?

— Não é brincadeira. Por favor, amigo, empreste-me seu carro para eu fugir para bem longe de Olinda.

— Para onde você vai?

Vou para o sítio dos meus amigos Antônio e Ana Cristina. Quero ver ela me encontrar.

Sales ficou preocupado porque nunca vira Paulo daquele jeito, emprestou-lhe seu carro e ele se mandou!

Naquele mesmo dia, Sales, que ficara curioso com a história de Paulo, foi também ao Mercado. Realmente, ela, a dona morte, estava lá. Sales respirou fundo, aproximou-se dela e perguntou:

— Por que motivo a senhora ameaçou meu amigo Paulo hoje de manhã?

— Eu? Eu não o ameacei — respondeu a morte.

— Como não? — indagou Sales.

— Foi apenas um gesto de surpresa de minha parte. Fiquei surpresa ao vê-lo aqui no mercado, pois tenho dois encontros marcados, mas só na próxima semana. Por enquanto estou só me divertindo um pouco assistindo aos ensaios dos famosos maracatus de Olinda.

— E os dois encontros? — indagou Sales.

É um com Paulo, na próxima semana, em um sítio cujos proprietários se chamam Antônio e Ana Cristina e o outro com uma pessoa, cujo nome ainda não sei, mas que deve ter emprestado o carro para ele ir se esconder naquele sítio. ”

O delegado Antônio tentou sorrir sem conseguir, respirou fundo e, tentando encontrar uma coragem que não existia, disse:

— Eu ainda não entendi o que essa história tem a ver comigo. Não pensem que tenho medo da morte... Só um pouco... Não muito... Apenas o normal.

— Bem, voltando para nossa realidade, o que sabemos é que alguém parece achar que tem direito de sair por aí matando pessoas. Mas os espíritas não dizem que a gente só morre na hora certa? É o tal de determinismo?

— Não, Fábio, não é bem assim. O que é inexorável é a certeza de que vamos morrer um dia. Agora, o momento da morte pode ser alterado.

— Como assim, Élida? Alterado?

— A literatura espírita está cheia de exemplos de pessoas que viveram aqui mais tempo do que fora anteriormente planejado na Espiritualidade. Às vezes seu trabalho é tão meritório, que é de bom alvitre manter aquela pessoa mais um tempo à frente da sua missão.

— Então há pessoas que morrem antes e depois do planejado nessa Espiritualidade? — perguntou Geraldo que saíra do seu conhecido mutismo.

— Caro amigo Geraldo, infelizmente, morrer antes do planejado, acontece com muito mais frequência do que adiar a morte. Precisamos nos lembrar do livre-arbítrio, muitas vezes mal utilizado. Há os assassinatos, acidentes e os suicidas, conscientes ou não, que fragilizam seus corpos, sua saúde, antecipando o retorno para casa.

— Casa? De qual casa esta mulher está falando?

— Delegado, a verdadeira vida é a vida de Espírito e é no Mundo Espiritual que vivemos realmente. Na Terra, estamos apenas fazendo um cursinho para aprendermos a morrer bem. Eis por que se diz que a felicidade não é deste mundo!

— E não é mesmo. Quem pode ser feliz vivendo em mundo como o nosso? Um verdadeiro inferno?

— Quando falamos em inexistência de felicidade na Terra, estamos nos referindo à felicidade absoluta, imprópria para um mundo de provas e de expiação, em paulatino processo de mudança para ser um mundo de regeneração. Mas de forma parcial, existem sim, coisas, momentos e situações, que nos fazem felizes.

— Não acredito...

— Não? Então ouça:

"Narra antiga lenda, que, certa vez, um rei de nome Agnelo adoeceu gravemente e, à medida que o tempo passava, seu estado piorava. Os médicos tentaram de tudo, mas nada parecia funcionar. Estavam a ponto de perder as esperanças quando Ivonete, sua velha criada, falou:

— Eu sei uma forma de salvar o rei. Se vocês puderem encontrar um homem feliz, tirem-lhe a camisa e peça ao rei para vesti-la. Ele vai se recuperar.

O rei enviou seus mensageiros a todos os cantos do reino à procura de um homem feliz. Eles cavalgaram por todos os lugares e não encontraram. Ninguém estava satisfeito. Sempre havia uma queixa a fazer.

Se um homem era rico, não tinha o bastante; se não era rico, era culpa de alguém. Se era saudável, havia uma sogra indesejável em sua vida. Se tinha uma boa sogra, a gripe o estava infelicitando. Enfim, naquele reino todos tinham algo do que reclamar.

O rei já tinha perdido a esperança de ficar bom, quando numa noite, sua filha Khellen cavalgava pelos campos e, ao passar perto de uma cabana, ouviu alguém dizer:

"Como sou feliz! Obrigado, Senhor! Concluí meu trabalho diário e ajudei meu semelhante. O que mais poderia desejar, Senhor?".

A princesa Khellen retornou ao castelo e mandou que seus homens fossem até lá e lhe pagassem o quanto pedisse pela camisa. Mas quando os mensageiros do rei entraram na cabana descobriram que Neweton Vargas, o homem feliz, era tão pobre que sequer possuía uma camisa."

Para espanto dos presentes, o delegado ficou calado e tentou esconder uma pequena e teimosa lágrima que lhe descerra pela fingida carranca de homem mau!

Carminha aproveitou o momento e pediu a atenção de todos.

— Eu sei que o momento não é o mais adequado, mas hoje é o aniversário da nossa amiga Mônica e como operou algum milagre, pois a despensa está vazia, e mesmo assim ela conseguiu fazer alguns bolinhos, vamos cantar parabéns para comemorarmos.

— Eu não vou participar. Estamos para morrer e vamos cantar parabéns para uma arrumadeira? — reclamou Antônio, superando-se em falta de educação!

— Cale-se! — berrou Geraldo, que mais uma vez saíra em defesa de Mônica.

Toda faceira, Mônica agradeceu a Geraldo com um sorriso e, voltando-se para o delegado, atacou:

— O delegado está proibido de participar, pois ele é um antissocial, cuja presença eu dispenso. Não quero antissociais na minha festinha! Também preciso esclarecer uma coisa. Não sou arrumadeira, embora seja um trabalho digno e honesto. Na realidade sou formada em fisioterapia e arquitetura, especializada em ambientações, com contrato exclusivo com uma firma de móveis, a GMag. Aceitei vir apenas como uma aventura. Vamos aos parabéns?

Depois dos parabéns, acompanhados de bolinhos e 1/2 copo d'água para cada um dos presentes, Élida pediu a palavra.

Capítulo XXI

O retorno de Júlio Pereira

— Eu lembrei daquele irmão... Júlio... É... Júlio Pereira, que esteve no nosso primeiro Evangelho... — comentou Élida.

— Que história é essa, doméstica-nutricionista? Aquilo foi invenção dessa mocinha aí! — interrompeu Antônio, em mais uma recaída grosseira, ao mesmo tempo em que apontava o dedo na direção de Sacha.

— Não fale do que não entende, delegado — avisou Carminha.

— Élida, o que tem o Júlio? — indagou Rivadávia.

— Não sei... É meio difícil de explicar... Mas naquela ocasião eu senti tanta angústia reprimida... Ele ameaçava, mas, em vez de sentir qualquer receio, me preocupava era com sua dor oculta e dolorosa... Era como se ele tentasse esconder um angustiante pedido de socorro.

— Eu senti a mesma coisa. Falta de ternura, de ajuda, e não a presença de maldade — complementou Carminha.

— Já que falamos naquele querido irmão, que tal fazermos uma prece por ele? — convidou Melissa.

— É melhor para nos proteger! — concordou Mônica.

— Cale a boca, arrumadeira de ambientes! Prece? Rezar por quem nos ameaçou? Por quem já acabou com três? Ou vocês são loucos ou são covardes! — vociferou Antônio.

Fábio aproximou-se do insensato delegado e, para total espanto de todos os presentes, mansamente lhe disse:

— Não, Antônio. Não somos loucos ou covardes. Apenas começamos a entender a importância do amor e do maravilhoso ensinamento do Mestre Jesus: *"Faça aos outros o que gostaria que lhe fizessem!"*.

O mal-humorado delegado que não sinalizava nunca de que se tocara já ia retrucar, alegando a possível culpa de Mônica, que fora a única a não ser ameaçada, quando Élida iniciou uma breve, mas fervorosa prece em favor de Júlio Pereira.

Após o "assim seja" que encerra as preces espíritas, Antônio, que aproveitara o momento em que todos estavam de olhos fechados acompanhando a prece de Élida e se apropriara de um bolinho, ia reclamar que estava meio apimentado, quando uma voz meio anasalada e diferente chamou a atenção de todos.

— *Boa noite!*

Todos os presentes tentaram localizar quem estava falando, quando perceberam que a voz provinha mais uma vez da secretária Sacha Maryon.

— *Parece-me que andaram conversando a meu*

respeito! O que querem? Acham pouco o desafio de lutarem por suas vidas?

— Meu Deus! Será aquela alma do outro mundo? Por favor! Mandem-na embora! Não quero saber dessas coisas! — apavorou-se o valente Antônio, despindo-se da sua fingida máscara de autossuficiência.

Carminha respirou fundo, ligou-se mentalmente ao Alto e respondeu ao irmão que estava se comunicando:

— Meu querido irmão! Seja bem-vindo!

— *Bem-vindo? Eu? Mesmo sabendo que eu não vou permitir que saiam desta ilha? Não depois de tanto planejamento!*

— Planejamento? Você? Foi você quem planejou inclusive o desaparecimento da minha lista?

— *A Lista dos que Devem Sumir? Claro!*

— Então foi você! Mas como? Por quê?

— *Muitas perguntas... Mas antes me responda. Que tolice foi aquela de fazerem prece por mim? E quem disse que eu estava angustiado, a pedir socorro? Ninguém me conhece!*

— Não sei... Nem todos os sentimentos têm respostas diretas. Mas nós nos conhecemos, sim. A sua vingança não é exatamente por conta de algum acaso, é? Nós sabemos que o acaso não existe... Quanto a nós, os encarnados, o que sabemos do nosso passado juntos é o que Aristides Monteiro, um querido mentor nosso, disse em um dos nossos Evangelhos no lar...

— *É? O velho Aristides? Hum... Ele cresceu! Agora é um mentor? E o que ele disse?*

— Quando você fala "o velho Aristides", até

parece que já o conhece... Mas não importa. Ele disse que nós nos magoamos muito em vidas anteriores. Todos nós. Então eu cheguei à conclusão de que nem nós, nem você, somos anjos ou demônios, mas Espíritos imortais que, atrasados, vivem a se digladiar.

— *Mas...*

— Ele nos fez descobrir que o mais forte, o mais inteligente, o mais sensato e mais sábio será aquele que estender a mão ao outro. Não para agredir, mas para ajudar, amparar.

— *Não é fácil... Se por um lado todos me devem, por outro eu também devo... Todos vocês me agrediram em encarnações mais antigas. De alguns eu pude vingar-me. Outros ficaram fora do meu alcance. Mas, mesmo assim, arquitetei minha vingança contra todos vocês.*

— Júlio...

— *Não, não precisa dizer que eu também os agredi no passado. Eu sei disso. Mas havia bloqueado essa parte na minha mente. Eu cristalizara as minhas lembranças apenas na parte em que eu era o agredido! Na parte em que era a grande vítima! O que importava era o que eu sofrera. Daí que planejei tudo.*

— E como foi isso? Conte-nos Júlio, abra seu coração — estimulou Carminha, depois de olhar para seus companheiros e verificar que todos pareciam hipnotizados pelas palavras de Júlio.

— *Inicialmente eu comecei um processo obsessivo sobre Sacha e sobre André Felipe...*

— André Felipe? O empresário do setor de construções?

— *É... Um rico empresário que vive envolvido com práticas mediúnicas pouco recomendáveis e que possibilita que alguém como eu torne-se seu senhor. Eu precisava dele e de Sacha. Ambos estão fascinados e não têm responsabilidade pelos seus atos, a não ser o fato de permitir que eu os dominasse, pela sintonia que me oferecem.*

— Continue — pediu Carminha.

— *Eu estava presente naquele Seminário do NEAM e, mesmo com bastante trabalho, consegui influenciar José Sales para que falasse sobre o "Sentimento de Culpa" e mandasse que fizessem a famosa lista. Depois, foi fácil sugestionar Sacha Maryon a pegar a sua lista, Carminha. Depois, ainda por meio dela...*

— Maryon? Sacha Maryon! Meu Deus! Maryon! Noyram! Inversão de letras! Como não percebi isso? Tão simples! — gritou Fábio.

— *Ah! O detetive finalmente descobriu. É verdade. Influenciada por mim — aproveitando-me do fato de ela ser médium inconsciente — mandei que levasse os convites. O iate e esta ilha pertencem a André Felipe, que virou um mero joguete nas minhas mãos.*

— Não sou detetive. E o que há no fato de ela ser inconsciente? — perguntou Fábio.

— *Precisa estudar, detetive. Mas vou explicar. Em princípio, o médium inconsciente, durante a manifestação mediúnica, sabe o que ocorre, mas quando a entidade comunicante se afasta, ele não se lembra de nada!*

— E como pretende concluir sua vingança? Afinal você já conseguiu dar cabo dos três primeiros! —

quis saber Carminha, curiosa para entender o que de fato ocorrera.

— *O meu pensamento inicial era mesmo acabar com todos, pois todos fizeram com que eu sofresse muito, inclusive o Geraldo, que me degolou na penúltima encarnação.*

— Por isso mandou dar cabo de três pessoas! — falou Fábio.

— *Espere! Fiz com que André contratasse um famoso e frio matador para dar cabo de todos. Eu indiquei o matador a ser contratado. Ele é conhecido como o Assassino das Sombras, para executar vocês. O que o matador não sabia é que ele também morreria, pois me devia! Foi desse matador o plano de trazê-los para esta ilhota, e pelas mortes ele receberia uma grana preta do André. O que ele não sabia também é que a doutora Nair estava instruída para pôr em ação outro plano, caso eu desistisse da execução.*

— Mas...

— *Ainda não acabei. No início foi tudo bem, porque eu contei com a colaboração de um obsessor bastante capacitado, de nome Luiz Carlos Costa, enviado pelas Trevas. Nas poucas vezes em que o matador hesitou, lá estava Luiz Carlos murmurando no seu ouvido:* Não pense, apenas faça!

— Um obsessor! — exclamou Carminha.

Júlio continuou.

— *Em algumas oportunidades o Espírito de nome Sharlene, uma enviada da Luz, fazia com que ele vacilasse, mas, como sua tendência era para matar, Luiz Carlos sempre ganhava a questão e o Assassino das Sombras ter-*

minava concluindo o que se propusera a fazer. O famoso e implacável matador, que nunca acreditou em nada, pelo menos até pouco tempo, não tinha ideia de que Luiz Carlos e Sharlene eram dois Espíritos com a missão de obsidiá-lo e de ajudá-lo, respectivamente. E também não sabia nem poderia saber que eu, Júlio Pereira, um Espírito, estava por trás da contratação levada a efeito por André Felipe.

— E por que não deu certo? — perguntou Élida.

— *O plano começou a falhar por três motivos: o primeiro motivo é que o Assassino das Sombras errou ao permitir que uma mulher começasse a mexer com seus sentimentos. É. O cético, frio, solitário e insensível matador apaixonou-se. O segundo motivo é que ele, além de se apaixonar, para poder infiltrar-se entre vocês, passando-se por espírita, precisou estudar a Doutrina dos Espíritos e aí, ao tomar contato com a lógica irrefutável da Doutrina dos Espíritos, começou a fraquejar!*

— Infiltrar-se? Espere! Então ele está aqui entre nós. E se ele se passa por espírita? Então deve ser... Antes que Élida revelasse o nome de quem ela achava ser o matador, foi interrompida por Júlio.

— *"Deve ser"... O detetive? Afinal, Fábio, eu não o vi cheio de curiosidade para saber detalhes e mais detalhes sobre o Espiritismo? É você o assassino, detetive?*

— Não sou detetive! E não sou o assassino. Eu acho que é...

— *Aprenda a ouvir, detetive. Ou vai dar uma de Antônio?*

Fábio ainda pensou em retrucar, mas temia que o Espírito se aborrecesse e parasse com as revelações. Respondeu de forma calma.

— Tem razão, desculpe a interrupção intempestiva...

— *E por falar em Antônio que também andou aprendendo e se enchendo de simpatia pela Doutrina dos Mortos... Será que não é ele o assassino? Ou falta-lhe talento até para ser mau?*

O delegado Antônio Heber, que estava pálido e trêmulo, com muito esforço conseguiu dizer:

— Eu? Um assassino? Eu nego e vou lhe processar!

— *Processar um Espírito? Está ficando corajoso, bravo delegado?*

Antônio sentou-se pesadamente e começou a respirar muito alto, como se buscasse fôlego. O Espírito Júlio prosseguiu.

— *O terceiro e último motivo que fez com que meu plano inicial não desse certo é que eu fui levado à Colônia Recomeçar, onde me mostraram atrocidades anteriormente cometidas por mim, que me deixam envergonhado. Mostraram-me também que todos vocês, até mesmo o intratável Antônio, começaram nesta ilha o indispensável processo de reforma íntima. Isso me fragilizou! A indecisão do matador e a minha puseram o meu plano a perder!*

— Mas quem é o Assassino das Sombras? O Caçador de Espíritas? — questionou Rivadávia.

— *Não será você? Que largou o Espiritismo, para ser pai de santo, porque não conseguiu ser um dirigente em uma casa kardecista? Não estava com inveja? A inveja e a vaidade juntas são dois enormes estímulos para tornar alguém um criminoso...*

— Não... Não tenho a índole de um assassino...

— *Ninguém em sã consciência se acha capaz de fazer mal a quem quer que seja, até fazer! Será o calado Geraldo, que também andou questionando sobre o Espiritismo?*

— Geraldo? Impossível! — gritou Mônica.

— *Impossível? Quem sabe? Ou seria o João Moreira? Mas isso agora não importa. Não existe mais o matador... A grande dúvida que ainda tenho é se o matador parou porque se arrependeu de ter feito o mal; porque se apaixonou, ou porque receia sofrer as consequências dos males que causou? Mas isso também não importa... Nem mesmo posso culpá-lo, pois também fraquejei ao descobrir que não era uma vítima isolada, mas que todos nós fomos algozes e vítimas uns dos outros, em uma deplorável e dolorida parceria sinistra. Assim, mesmo com meu processo de vingança em curso, fiquei maravilhado com que vi naquela Colônia, e sentindo o tempo que eu perdera, queria ficar lá, onde seria preparado para uma nova encarnação. Mas antes, eu precisava parar com vingança. É aí que entraram João Moreira e Nair.*

— E os outros dois que morreram?

— *Não tive nada a ver com aquilo, Carminha. Você e seu amigo detetive não se deram ao trabalho de verificar as causas da morte. Osvaldo foi assassinado em um assalto e Aparecida Gomes pereceu em um acidente de carro, ao sair da academia de tênis, pois tinha o "pé muito pesado".*

— Mas...

— *Eu sei. Eu sei. Antes eu seria e fui capaz de*

assassinar pessoas. Entretanto, hoje não mais. Minha ideia de vingança era contra vocês, mas envolvia principalmente o Espiritismo, que estava conscientizando alguns de vocês sobre a necessária reforma íntima. Em outras palavras, a Doutrina dos Espíritos estava levando meus inimigos para longe de mim, principalmente Melissa, que recusara meu amor em encarnações anteriores. Trazê-los para esta ilha faria com que me mostrassem que a Doutrina não era lá essas coisas... Pelo menos eu assim pensava...

— Não entendi...

— *Eu provaria a mim mesmo que os alicerces do Espiritismo eram frágeis. Que quando a coisa apertasse, a resignação, o perdão, a tolerância, a humildade e principalmente o amor, apanágios da Doutrina, iriam pelo ralo. Acredito que se dependesse de Antônio, isso teria acontecido, pois ele ainda é muito embrutecido e materialista. O meu maior desejo era vê-los humilhados, descrentes, desunidos e mortos!*

— Isso quase aconteceu. Houve momentos em que todos desconfiavam de todos — confessou Melissa.

— Então foi a Sacha quem colocou os bilhetes nas camas?

— *Foi, dona Élida, mas não a culpe por isso. A maior culpa de Sacha está no fato de ter se deixado obsidiar. Não existem obsessores sem obsidiados. Não há cobrador sem devedor. Ela está ouvindo e repassando para vocês tudo isso que eu falo, mas quando me for, ela não se lembrará de nada. Esquecerá! Da mesma forma que esqueceu de fazer a sua reforma íntima, o maior antídoto contra obsessores idiotas como eu!*

— Calma, irmão Júlio. Você não teve nada a ver com as mortes de Osvaldo e Aparecida Gomes, não foi? Mas e quanto ao João Moreira? Onde ele está? — peguntou Melissa.

O semblante de Sacha esboçou um tímido sorriso, mas era um sorriso triste. Muito triste.

— *O velho João Moreira? Ele gastara muito com a filha Renata, em um doutorado de Jornalismo e arriscara todas as suas economias em uma seguradora e perdeu tudo. Daí, foi fácil aliciá-lo, por intermédio do André, para se passar por morto e pôr fogo na cabeça de vocês.*

— Se passar por morto? Ele morreu sim. A doutora Nair confirmou — disse Carminha.

— *Não. Lembra que eu disse que mudei os planos? Ele já está no continente. Uma rápida e silenciosa lancha veio buscá-lo na noite passada. Ele aproveitou que o bravo delegado o deixou sozinho, esgueirou-se e chegou até a lancha, que o levou ao Hades.*

— A doutora...

— *A doutora Nair adora cinema, passear, almoçar e gastar no Shopping Tacaruna e, desta forma, ficou fácil convencê-la a vir aqui e ajudar a lhes dar um pequeno susto, por uma boa grana. Ela não sabia que todos, inclusive ela, morreriam.*

— Nossa! Ainda bem que você reconsiderou. Pensou em tudo... E a Mônica, por que o nome dela não foi citado? — quis saber Élida.

— *Simples, para dar um suspeito a vocês. Fui mesmo um idiota.*

— Também não é assim...

— Mas é verdade, dona Élida. Eu fui um tolo e comecei a descobrir isso a partir do primeiro Evangelho de vocês, quando estive aqui e ameacei a todos. Naquele momento, comecei a ficar menos decidido e isso foi suficiente para que me levassem à Colônia, como contei. Lá, quando tomei consciência do que fizera, tentei consertar, mas aí já não dependia apenas de mim.

— Dependia de quem?

— Do matador contratado. Não sei como ele pretendia fazer. Acho que jogaria uns contra os outros. Ele é o melhor em fazer uma morte parecer natural. Se ele não tivesse se apaixonado... Mas como eu disse, todos morreriam naturalmente, inclusive ele, de fome e sede. Ele não sabia que o iate jamais retornaria. O piloto sofreria um pequeno acidente e o André Felipe terminaria sendo considerado culpado por tudo.

— Você é mau! — gritou Sheyla.

— Ah, pequena Sheyla. Graças a Deus... Deus! Consegui dizer Seu nome! Deus... Pronunciei Seu nome! Deus! Como demorei para ter coragem de chamá-Lo... Graças a Deus, vocês, pelo menos a maioria, manteve o equilíbrio e a fé. E eu tive a oportunidade de reconsiderar... Agradeço por terem evitado mais erros da minha parte.

— E agora?

— E agora? Voltarei para a Colônia e...

— Espere! Acho que você deixou algumas coisas inacabadas...

— O iate? Não se preocupe. Amanhã José Barbosa

chegará e os levará para o continente. André Felipe, atendendo às minhas intuições, já determinou isso. Agora preciso ir.

— Espere!

— *Diga, Carminha. Eu havia esquecido como você é determinada.*

— Ainda falta algo. A desobsessão de Sacha Maryon e André Felipe.

— *Carminha! Eles estão fascinados. Não é fácil, nem rápido e eu preciso ir...*

— Para Colônia? E vai deixá-los assim? Não acredito que vão aceitá-lo na Colônia dessa forma. Termine seu trabalho. Sei que a fascinação cria uma simbiose terrível entre ambos, mas sei também que aos poucos você pode reverter o processo. Eles foram usados por você e agora iria largá-los às traças? Abrindo possibilidades de novos "Júlios" obsidiá-los? Não acha que é um péssimo recomeço?

— *É... você está certa! Aliás, o doutor Aristides está aqui, dizendo que não iria me conduzir à Colônia, até que André e Sacha fiquem livres dos fluidos obsessivos com que os impregnei.*

— Ainda bem, querido irmão. É lógico que a parte mais difícil compete a eles, mas deixá-los já é uma excelente ajuda, que será complementada em alguma Casa Espírita.

— *A Sacha vai se recuperar logo, até por conta da sua índole e da presença de vocês. O André demorará mais um pouco, pois ele se compraz com a situação e ainda me chamará bastante. Vou fazer com que comecem a frequentar uma Casa Espírita séria... O NEAM! É isso! Lá eles começarão o processo desobsessivo, que será bem mais fácil, pois terão ajuda. Agora preciso deixá-los, pois o doutor Aristides está ansioso para me conduzir. Adeus e tentem me perdoar...*

Carminha adiantou-se e disse ao arrependido e compenetrado Júlio:

— Que o mestre Jesus ilumine seu caminho, querido irmão Júlio! Por favor, dê um forte abraço no mestre Aristides, em nome de todos nós.

— *Ele está desejando paz a todos e pede que digam ao doutor Irineu, quando reencontrá-lo, que ele lhe deseja um bom dia. Recebam meu abraço fraterno e...*

— Espere!

— *Fale, dona Mônica.*

— O assassino... Quem é?

— *Márcio Luiz era o nome que ele utilizava. Quanto ao seu verdadeiro nome... Assassino? Por acaso houve alguma morte aqui?*

— Não, mas...

— *Ele, assim como todos os presentes, está em franco processo de reforma íntima. Além do mais, eu não estou autorizado a revelar seu nome verdadeiro.*

— Está bem...

— *Quando o Antônio voltar a si, digam-lhe que também o abraço. Adeus! Adeus...*

— Voltar a si? — perguntou Élida.

Foi quando os presentes se deram conta de que o valoroso, truculento e irascível delegado Antônio

Heber Pina desmaiara! Todos caíram na risada.

— *Será que o desmaio de Antônio foi medo de que Júlio dissesse que Márcio Luiz, na realidade chamava-se Antônio Heber, o Assassino das Sombras? O Caçador de Espíritas?* — alguns pensaram.

Carminha sugeriu uma prece em agradecimento. Após a oração, Fábio insistiu em continuar indagando sobre o Espiritismo.

— Devemos acreditar em tudo o que os Espíritos dizem? No que o Júlio revelou?

Melissa e Carminha ficaram se revezando nas respostas.

— Os Espíritos desencarnados são almas de homens que já viveram na Terra. Portanto, são portadores dos defeitos e qualidades que tinham quando encarnados. Devemos analisar cada comunicação dada por eles, qualquer que seja o nome que assinem. Os bons trazem mensagens edificantes e com algum fim útil e querem sempre o Bem da Humanidade.

Os atrasados ou maus podem nos enganar com palavras belas e melífluas, podendo tomar emprestado nomes de pessoas conhecidas ou de Espíritos iluminados para nos impressionar. Desses devemos nos precaver, conforme nos ensina Allan Kardec em *O Livro dos Médiuns*. É hora de passar tudo pelo crivo da razão!

— A pessoa já nasce com a mediunidade aflorada ou ela pode se manifestar após a idade adulta? — perguntou Geraldo.

— Herculano Pires, no seu livro *Mediunidade*, explica as quatro fases da mediunidade, ou seja, na infância, adolescência, juventude e velhice, cada uma com as suas características. Nascemos médiuns, mas ela pode aflorar com mais intensidade em uma dessas quatro fases, e isso ocorre com mais frequência entre a juventude e a maturidade. Ele explicou também que não existe idade para a mediunidade. Logicamente o bom senso indica que não é próprio para crianças e adolescentes, a não ser em casos muito especiais. Quanto aos idosos também não há nenhuma restrição. A mediunidade que se revela tardiamente, na velhice, pode ser uma preparação para o desencarne. Não há nenhum mal para a saúde e bem-estar da pessoa idosa, muito pelo contrário.

— Legal...

Capítulo XXII

Antônio surpreende

— Eu gostaria de saber onde é o NEAM.

— Você, Antônio? Não diga que...

— É, Rivadávia. Vou sim. Esta ilha me mostrou muitas verdades que jaziam adormecidas em minha mente. Se o Fábio aceitar minha companhia...

— Eu? Por que eu?

— Você não vai ser espírita?

— Eu? De onde você tirou tal ideia?

— Mas não é isso que impede você e Melissa de...

— Meu Deus do Céu? O que é isso? De delegado truculento a cupido casamenteiro?

— As pessoas mudam. E então, vai ao NEAM?

— É claro. Eu trabalho na Faculdade Espírita de Olinda, a querida FEO, está lembrado?

— Estou, mas pergunto se você vai ao NEAM fazer aqueles cursos, para depois matricular-se na FEO.

Talvez até ter aulas com a professorinha aí...

— Puxa, delegado. Eu gostava mais de você da forma que era antes...

— Não fuja, detetive! Aceita ou não a minha companhia?

— Duvida?

— Sério? — perguntou Antônio.

— Duvida?

— Não...

— Só que vai demorar um pouco. Antes, vou namorar, noivar e casar e o quanto antes, com a professora de dança.

— Comigo? E é assim tão rápido? — piscou, entre sorrisos, Melissa, a bela professorinha.

— Prefere que demore mais?

— Não... Claro que não. Aliás, já demorou bastante.

Carminha se aproximou de Antônio e o parabenizou. Afinal, ele estava vencendo a si mesmo, o mais difícil adversário de alguém. Antônio não conseguiu segurar uma envergonhada lágrima que lhe desceu pelo rosto, denunciando sua legítima e reprimida emoção.

No lado espiritual, Aristides Monteiro, com o abatido, mas determinado Júlio Pereira ao seu lado, agradecia ao Pai, pela retomada de todos do caminho da reforma íntima, única e segura trilha que nos conduz ao nosso Criador. Estavam felizes.

No dia seguinte, o iate Hades conduzindo pelo piloto José Barbosa aportou e, após todos se instalarem sob as ordens de Geraldo que reassumira suas funções de mordomo, ele se aproximou de Mônica e pegando-a pela mão levou-a para um lugar mais afastado dos demais. Ele ia falar quando de repente ela indagou:

— Geraldo, aquela história de um matador entre nós... Você desconfia de quem?

— Não parei para pensar nisso. Pelo que foi falado, acredito que o tal matador resolveu se emendar. Mas eu preciso lhe perguntar uma coisa.

— Fale.

Sua emoção era quase palpável. Após fitá-la intensamente, ele se preparava para lhe falar, quando Mônica novamente o interrompeu e disse:

— Geraldo... Seus olhos... Eles são da cor cinza... Cinza-claro, e agora eles estão com uma espécie de névoa a encobri-los e o cinza pareceu escurecer. Dizem que isso acontece por efeito da adrenalina... Será?

— *O que há com você? Vai entregar os pontos assim? Deixar de ser famoso por conta de uma mulher? Uma arrumadeira? Isso não é possível!* — esbravejava Luiz Carlos, que aparecera, transtornado.

Mentalmente, Geraldo respondeu ao obsessor:

— *Não é possível? Nada é impossível! Arrumadeira? Ela vai mesmo arrumar a minha vida* — retrucou Geraldo.

— *Você perdeu o juízo? Sabe o que estou pensando em fazer? Deixá-lo entregue à sua loucura!* — ameaçou Luiz Carlos.

— *Luiz Carlos, lembre-se da sua famosa frase: "Não pense, faça!". Então, eu a devolvo a você: Não pense, faça! Faça e deixe-me em paz para sempre.*

E desta vez em voz alta, Geraldo virou-se para Mônica e indagou:

— Case-se comigo?

Enquanto Mônica o abraçava, Geraldo viu Luiz Carlos sendo levado para longe por dois Espíritos que o mantinham seguro. E viu também Sharlene se aproximando, feliz. Ela lhe diz mentalmente:

— *Agora começa a sua outra luta.*

Também mentalmente ele perguntou:

— *Qual luta?*

— *A da necessária e indispensável reparação! Que Deus o ilumine, meu querido amigo!*

— *Obrigado! Obrigado e me desculpe... Desculpe por não a ter ouvido antes...*

— *Nunca é tarde. Repare o passado e viva o presente para bem construir o futuro. Adeus!*

— *Será que vou conseguir?*

— *Claro! Nunca duvidei disso, pois sempre soube que você não continuaria com o sinistro plano, pois para fazer isso você precisaria tirar a vida de algumas mulheres daquele grupo. Você faria isso?*

— *Não! Jamais! E eu não quero mais fazer nada parecido. Será impossível parar?*

— *Meu querido! Nada, absolutamente nada, é impossível! Lembra? Adeus...*

— *Adeus...*

Aos poucos ela foi se afastando, até ele não mais poder vê-la. Sentiu um vazio que doía, mas Mônica trouxe-o de volta à realidade.

— Geraldo! Por que você está tão calado?

— Procurando reunir coragem para dizer que a amo! Gosta de crianças?

— Adoro. Por quê?

— Posso pedir antecipadamente uma coisa?

— Claro!

— Se tivermos uma filha, podemos chamá-la de Sharlene?

— É um lindo nome. Quem é Sharlene?

— Uma maravilhosa e inesquecível amiga.

— Ter uma filha? Seria um belo sonho... Mas já cheguei aos 30 anos... E olhe que eu queria ter uns quatro filhos homens... Eu já havia pensando até nos nomes... Diogo, Tiago, Geraldo, João Paulo... Agora mais a Sharlene... Seria possível?

— Se um temível matador, um Caçador de Espíritas, venceu a si mesmo tendo como baluartes o amor de uma mulher e a força da Doutrina dos Espíritos, eu não tenho nenhuma dúvida de que quando a gente realmente quer, nada é impossível, pois o impossível não existe!

FIM

Outras obras do autor